河北省社会科学基金项目(项目批准号：HB23GL036) 研究成果

如何提升农村集体经济经营绩效

基于技术、人才与组织变革视角

张洪振 ◎ 著

知识产权出版社
全国百佳图书出版单位

图书在版编目（CIP）数据

如何提升农村集体经济经营绩效：基于技术、人才与组织变革视角 / 张洪振著. -- 北京：知识产权出版社, 2025. 6. -- ISBN 978-7-5130-9768-0

Ⅰ. F321.42

中国国家版本馆CIP数据核字第2025VA8707号

内容提要

如何提升农村集体经济经营绩效是当前乡村振兴战略推进中的重要难题。本书立足于技术、人才与组织变革三大视角，系统探讨提升农村集体经济效能的路径与机制。首先，梳理农村集体经济的理论基础与发展历程，深入剖析其现实发展状况、时代价值以及面临的突出问题。其次，分别从技术赋能、人才驱动与组织优化三个维度，探讨提升绩效的策略与实践模式，强调数字化、电子商务技术导入，人才队伍的建设，以及集体经济组织治理结构的变革与创新。特别聚焦资源匮乏型村庄的典型困境与发展痛点，提出差异化的绩效提升路径。全书坚持理论与实践相结合，旨在为推动农村集体经济高质量发展、实现乡村振兴提供系统思路与现实对策。

本书适合高校与科研机构研究人员、政府管理部门工作人员和村级集体经济组织管理者等参考学习。

责任编辑：张利萍　　　　　　　责任校对：潘凤越
封面设计：邵建文　马倬麟　　　责任印制：孙婷婷

如何提升农村集体经济经营绩效
基于技术、人才与组织变革视角

张洪振　著

出版发行：知识产权出版社有限责任公司	网　　址：http://www.ipph.cn
社　　址：北京市海淀区气象路50号院	邮　　编：100081
责编电话：010-82000860转8387	责编邮箱：65109211@qq.com
发行电话：010-82000860转8101/8102	发行传真：010-82000893/82005070/82000270
印　　刷：北京中献拓方科技发展有限公司	经　　销：新华书店、各大网上书店及相关专业书店
开　　本：720mm×1000mm　1/16	印　　张：12
版　　次：2025年6月第1版	印　　次：2025年6月第1次印刷
字　　数：184千字	定　　价：69.00元
ISBN 978-7-5130-9768-0	

出版权专有　侵权必究
如有印装质量问题，本社负责调换。

目 录

第一章　中国农村集体经济的理论基础与发展历程 / 001

第一节　中国农村集体经济发展的理论基础 / 001
一、马克思和恩格斯关于农村集体经济的基本观点 / 002
二、列宁和斯大林关于农村集体经济的基本观点 / 007
三、中国共产党关于农村集体经济的基本观点 / 009

第二节　改革开放后中国农村集体经济实践历程 / 019
一、乡镇企业崛起阶段(1985—2002年) / 019
二、新型农村集体经济探索阶段(2003—2012年) / 023
三、新型农村集体经济创新发展阶段(2013年至今) / 024

第二章　中国农村集体经济发展现状、时代价值与主要困境 / 028

第一节　中国农村集体经济发展现状 / 028
一、中国农村集体经济发展的时空演变特征 / 029
二、中国农村集体经济发展的收入结构分析 / 046

第二节　新时代中国农村集体经济发展的时代价值 / 050
一、巩固拓展脱贫攻坚成果的稳定器 / 050
二、实现共同富裕的制度保障 / 051
三、推进特色农业现代化的核心引擎 / 052

i

四、巩固和增强党在农村执政基础与执政地位的重要支撑 / 052

第三节 新时代中国农村集体经济发展面临的主要问题 / 053

  一、信息不对称与销售渠道受限 / 053

  二、人才存在短板 / 054

  三、组织制度需要优化 / 055

第三章 数字技术能促进农村集体经济发展吗？
——基于电子商务视角 / 057

第一节 引 言 / 057

第二节 理论分析 / 060

第三节 数据、变量与模型设计 / 062

  一、数据来源 / 062

  二、研究设计 / 064

  三、变量设计 / 066

第四节 实证结果与分析 / 069

  一、基准结果分析 / 069

  二、稳健性检验 / 070

  三、区域空间异质性作用检验 / 073

第五节 影响机制和调节效应检验 / 074

  一、影响机制检验 / 075

  二、村干部素质能力的调节效应分析 / 076

第六节 本章小结 / 077

第四章 人才引进能促进农村集体经济发展吗？
——基于大学生村官视角 / 079

第一节 引 言 / 080

第二节 政策背景与理论分析 / 082

　　一、大学生村官政策 / 082

　　二、理论与检验假设 / 083

第三节 数据、变量与模型设计 / 086

　　一、数据来源 / 086

　　二、变量设计 / 088

　　三、模型设计 / 094

第四节 实证结果与分析 / 096

　　一、基准结果分析 / 096

　　二、稳健性检验 / 099

第五节 影响机制和制约因素分析 / 104

　　一、影响机制分析 / 104

　　二、制约因素分析 / 106

第六节 本章小结 / 108

第五章　组织变革能促进农村集体经济发展吗？——基于"两委兼任"视角 / 110

第一节 引　言 / 111

第二节 政策背景与理论分析 / 113

　　一、政策背景 / 113

　　二、影响机制与研究假设 / 115

第三节 研究设计 / 116

　　一、数据来源 / 116

　　二、变量设计 / 118

　　三、模型设计 / 121

第四节 实证结果与分析 / 121

　　一、基准结果与稳健性分析 / 121

二、内生性问题处理 / 124

　　三、稳健性检验 / 125

第五节　制约因素和影响机制分析 / 126

　　一、制约因素分析 / 126

　　二、影响机制分析 / 129

第六节　本章小结 / 131

第六章　组织变革能促进资源匮乏型农村集体经济发展吗？
　　　　——基于组织治理水平视角 / 134

第一节　引　言 / 134

第二节　集体经济组织治理水平和经营绩效评价体系构建 / 136

　　一、集体经济组织治理水平和经营绩效评价体系设计 / 136

　　二、评价体系权重测算 / 140

第三节　研究设计 / 142

　　一、数据来源 / 142

　　二、模型设计 / 143

　　三、指标设计 / 143

第四节　农村集体经济组织治理水平对经营绩效影响的实证检验 / 145

第五节　新型农村集体经济组织治理理论重构与路径分析 / 147

　　一、新型农村集体经济组织治理理论重构 / 147

　　二、组织治理水平提升的具体路径分析 / 150

第六节　本章小结 / 155

参考文献 / 156

附　录 / 176

第一章
中国农村集体经济的理论基础与发展历程

中国农村集体经济作为社会主义公有制的重要组成部分,既是马克思主义经典理论与中国国情相结合的产物,也是中国共产党领导农民探索现代化道路的制度结晶。从互助组到人民公社,从家庭联产承包到新型股份合作,其发展历程贯穿中国特色社会主义农业现代化的历史逻辑,其理论与实践始终围绕一个核心命题:如何在人口规模巨大、生产力水平不平衡的农业大国中,构建既能保障农民根本利益又能适应现代化要求的集体所有制经济形态。这一制度演进既承载着社会主义公有制的理想追求,又深刻回应了中国在不同历史阶段的发展需求,最终在新时代乡村振兴与共同富裕的战略框架下,展现出独特的制度韧性与创新活力。本章以马克思主义集体所有制理论为根基,梳理中国共产党在不同历史阶段对农村集体经济的实践探索,并立足乡村振兴与共同富裕的时代命题,揭示这一经济形态的理论深度、历史厚度与当代价值。

第一节 中国农村集体经济发展的理论基础

中国农村集体经济作为社会主义经济的重要组成部分,其理论基础深植于马克思主义关于农业合作化与社会所有制的基本原理。新中国成立以来，随着农村集体经济在不同历史阶段的不断演进，从人民公社体制到改革开放后的多样化发展模式，体现了对生产力发展规律和农民主体地位的深刻把握。本节将系统梳理马克思、恩格斯、列宁等思想家关于农村集体经济的基本观点，结合中国本土化理论创新，探讨其对当代农村集体经济发展的指导意义与理论支撑，为后续分析现实问题提供坚实的理论框架。

一、马克思和恩格斯关于农村集体经济的基本观点

19世纪是资本主义在全球范围内迅速扩张的时期，随着产业革命的推进，资本逐渐渗透到农业领域，打破了封建制度下农村的自给自足状态。在这一过程中，农民土地不断被剥夺，小农经济逐步瓦解，农业阶级分化加剧，社会矛盾激烈。马克思、恩格斯敏锐地捕捉到了这一历史变迁背后的阶级结构变化，并以此为立足点，展开了对农村经济形态的系统分析。在《法德农民问题》《资本论》《哥达纲领批判》等重要著作中，马克思深刻剖析了资本主义私有制对农业的破坏作用[1-3]。小农经济在资本逻辑下难以为继，最终将被更高组织形式所取代[4]。恩格斯也在《反杜林论》《家庭、私有制和国家的起源》等著作中进一步阐释了农业社会关系的演变逻辑[5-6]。马克思在晚年特别对俄国农村公社（米尔制度）进行深入考察，并在《给维·伊·查苏利奇的信》中表达出对非资本主义路径向社会主义过渡的可能性的认可[7]。

传统的农村集体制度可能在特定条件下演变为社会主义制度的基础，尤其是在国家支持与先进工业成果引入的背景下。这种思想的转变，不仅突破了"历史唯物主义必须先经历资本主义阶段"的线性发展观，也为后来的社会主义国家在农村领域推进集体化改革提供了理论基础。值得注意的是，马克思、恩格斯从未将农业问题割裂于社会总体结构之外来看待。他们始终将农村集体经济的构建与社会主义整体目标联系起来，强调其作为过渡形态在新社会制度建构中的桥梁作用。因此，对农村集体经济的研究，实际上也是对社会整体变革逻辑的延伸与深化。

(一) 农村集体经济的本质属性与基本特征

马克思、恩格斯关于农村集体经济的基本判断，根源于对资本主义私有制的批判。他们指出，资本主义农业的根本问题在于土地商品化和农民的异化，农民沦为土地的"附庸"或"雇佣劳动者"，其独立性与创造力遭到严重抑制。与此相对，农村集体经济则体现出一种超越私有制的社会组织形式，其核心在于生产资料的共同占有、生产过程的社会化、收益的公平分配。

在《资本论》中，马克思指出农业的社会化趋势是历史发展的必然，认为"把各个农户联合为合作社，以便在这种合作社内越来越多地消除对雇佣劳动的剥削"[8]。集体经济并非空想主义者的理想，而是现实发展中的内在趋势，是对分散、低效个体农业的有力回应。恩格斯则在《反杜林论》中强调，社会主义制度下的农业，必须以土地的公有或集体所有为基础。一旦土地成为全体社会的共同财产，农民将作为自由的生产者加入集体劳动中，而非像雇佣工人那样出卖自己。因此，农村集体经济不仅是经济组织形式的变革，更是生产关系深层次的重构。

集体经济具体体现为"劳动者的联合"。在合作劳动的基础上，消除雇佣制度、贫富差距和生产过程中的对抗关系，使农业成为符合人类解放方向的经济活动。这一理念与马克思主义"从物的支配向人的支配"的总体价值追求密切相关。根据马克思、恩格斯关于集体经济和合作社的一系列论述，农村集体经济具有如下基本特征：

第一，生产资料的集体占有。农村集体经济的首要特征是土地和其他主要生产资料归集体所有。这一制度安排旨在打破封建土地所有权结构和资本主义土地私有制度，使农民不再作为个体产权人存在，而是以集体成员的身份参与农业生产。通过集体占有，可以实现对自然资源的统一管理，减少土地兼并，维护农业社会的稳定与可持续发展。此外，集体占有生产资料还有利于促进农业基础设施建设的协同性。例如，水利、农机、仓储等基础设施的投资回报周期较长、风险较大，个体农户难以承担，但在集体体制下，这些基础设施的建设和维护可由集体统一规划和实施，能够极大地增强农业的抗风险能力。

第二,组织化协作劳动。在集体经济下,农业劳动组织化、协作化程度显著提升。不同于传统农业依靠家庭单位的零散经营方式,集体经济能够通过整合土地资源与劳动力,实现规模经营与专业化分工,进而提高劳动生产率与资源利用效率。这种协作不仅限于农业生产,还延伸到农产品加工、运输、销售等产业链条,形成了农村经济的系统性结构。协作劳动的基础是统一的劳动计划和科学管理,劳动组织有明确分工,农民在集体安排下参与种植、收割、灌溉、加工等各个环节,能够降低劳动的重复性与资源浪费。在这种制度下,农业劳动由"自给自足的小生产"转变为"社会化大生产",其效率与可持续性均显著提升。

第三,民主管理机制。农村集体经济强调成员平等与集体决策。无论是村社制度还是合作社形式,均设有一定程度的民主治理机制,如社员大会、代表会议、选举制度等,以确保资源配置和利益分配的公开性与公正性。民主机制既能保障农民的参与权和知情权,也能强化和提高集体内部的凝聚力与治理效率。民主管理在实践中不仅限于形式层面的"参与",更体现为制度化的监督与问责机制。集体经济组织的财务公开、生产计划的民主制订、收益分配方案的协商确定,使集体经济不仅是生产组织形式,更成为一种兼具政治与社会功能的基层治理载体。

第四,按劳分配与互助互利。集体经济实行按劳分配原则,即个人所得与其所贡献的劳动成正比,同时在集体内部建立互助机制,对年老体弱者给予保障,形成较强的社会整合与伦理认同。这种分配方式强化了公平理念,避免了资本主义制度下的极端贫富分化,也体现了社会主义经济体制中人的价值实现路径。在按劳分配的基础上,集体经济还建立起多层次的福利制度,如医疗互助、教育基金、养老保障等。这些机制既增强了集体的吸引力,也为农民抵御市场风险、实现基本生活保障提供了制度支撑。

(二) 农村集体经济的组织形式与实现路径

1. 农村集体经济的组织形式

马克思、恩格斯虽未系统建构农村集体经济组织的类型学模型，但其著述中蕴含的产权社会化思想为后人的理论提炼奠定了基础。通过文本细读与历史语境还原，可将其组织形式构想归纳为四类模型（见表1-1），这些模型在社会主义国家的制度实践中呈现出复杂的适应性调整。

表1-1 马克思、恩格斯农村集体经济组织形式构想

组织形式	产权特征	管理机制	历史实践案例
村社制	土地共有、定期重分	成员公议决策	俄国米尔公社、中国宗族田
合作社模式	社员联合占有+按劳分配	社员大会民主管理	西欧农业合作社、中国初级社
国家支持型集体组织	国有土地+集体使用权	行政计划主导	苏联集体农庄、中国人民公社
混合型经济	集体所有权+多元经营权	市场机制与集体统筹结合	中国新型股份合作社

资料来源：作者整理。

村社制（Gemeinde）作为前资本主义社会的遗留形态，存在土地公有与私人耕作并存的特性，可能成为跨越资本主义"卡夫丁峡谷"的制度支点（孙凯飞，1997）[9]。这种组织形式通过定期土地重分抑制阶级分化，但其封闭性导致的农业技术停滞，亦被马克思视为需要资本主义生产力补足的缺陷。俄国米尔公社与中国宗族田的实践表明，村社制的存续始终面临传统惯性与现代转型的张力（施远涛，2017）[10]。

合作社模式的提出标志着马克思主义合作经济理论从空想到科学的跨越（李冬梅，2024）[11]。恩格斯在《法德农民问题》中系统论证了合作社作为过渡形态的必然性，强调通过自愿联合与渐进改造实现小农社会化（蒋淑晴，2021）[12]。与欧文式空想实验不同，马克思主义合作社理论建构于三重原则

之上：其一，坚持经济示范取代行政强制的自愿性原则；其二，采取从流通领域向生产领域渗透的渐进路径；其三，建立国家信贷支持与技术推广的赋能体系。列宁在新经济政策时期深化该理论，认为合作社在社会主义建设中扮演了重要角色[13]，其倡导的供销合作模式为中国初级社建设提供了重要借鉴。

国家支持型集体组织的实践凸显了理论构想与现实政治的复杂互动。马克思在《法兰西内战》中提出无产阶级政权应主导土地社会化进程，强调土地归耕种土地的农民所有，但这并非恢复传统的小农所有制，而是要让联合起来的合作社按照共同的计划调节全国生产[14]，这一思想在苏联集体农庄与中国人民公社中得到极端化演绎。此类组织通过土地国有化、计划管理和机械化配套，短期内实现农业剩余向工业部门的转移，但强制征粮与退出权剥夺导致的生产效率滑坡，暴露出背离自愿原则的制度代价（Viola，1999）[15]。

混合型经济的兴起反映了社会主义市场经济的理论突破。当代中国通过"三权分置"改革，在坚持集体所有权前提下分离承包权与经营权，形成土地股份合作社等21种创新形态（周振，2023）[16]。这种制度设计既继承了马克思"重建个人所有制"的公有原则，又通过市场化机制激活了要素流动性，体现出经典理论与现代产权制度的创造性融合（傅尔基，2017）[17]。

2. 农村集体经济的实现路径

马克思、恩格斯对农村集体经济的制度设计并非基于抽象原则，而是根植于对资本主义生产方式的深刻批判与对小农经济历史命运的辩证分析。其对农村集体经济实现路径的思考主要围绕两大核心命题展开：一是如何通过经济手段而非政治强制实现小农社会化，二是如何构建工农业协同发展的制度框架。

首先，自愿联合原则的确立与合作社过渡路径。恩格斯强调无产阶级政权应通过示范效应与经济支持引导农民自愿联合，"首先把他们的私人生产和私人占有变为合作社的生产和占有，但不是用强制的办法，而是通过示范和提供社会帮助"[18]。针对联合方式，马克思认为，资本主义大生产对小农的排挤将迫使农民自己联合成合作社,但这种联合必须建立在自愿和经济利益基础上,而非外力强制[19]。合作社的具体形式被设想为渐进式过渡载体,初期可保留土地私有制,通过共同购买农具、联合销售产品等流通领域合作降低生产成本;随着生产力发展,逐步向生产合作过渡,最终实现土地与生产资料的集体所有。

其次,国家支持体系的制度设计。马克思在《国际工人协会成立宣言》中强调,无产阶级专政阶段的国家需通过立法与财政手段为合作社发展创造条件[20],具体政策工具包括:设立国家农业银行提供低息贷款,避免农民受高利贷盘剥;建立示范农场推广先进技术,提高农业劳动生产率;实施累进税制调节收入分配,防止农村阶级分化。这些构想突破了空想社会主义者依赖道德感化的局限,将合作社发展纳入国家经济治理体系,但严格限定国家干预的边界。

最后,工农互促与城乡融合的宏观架构。工业部门通过提供机械、化肥等生产资料推动农业技术革命,农业则为工业提供原料与市场,形成"相互哺育"的产业循环(黄旭东、冉光仙,2020)[21]。这种空间重组构想旨在打破城乡二元结构,通过生产要素的双向流动实现资源优化配置。

二、列宁和斯大林关于农村集体经济的基本观点

列宁与斯大林的农民合作社及集体经济思想根植于苏联社会主义建设的不同历史阶段,既体现了马克思主义理论在农业领域的实践探索,也折射出革命理想与现实矛盾的交织碰撞。二者的思想差异不仅源于时代任务的变迁,更反映了对农民阶级角色、社会主义过渡路径的根本性分歧。

(一)时代背景与理论逻辑的演变

十月革命胜利后,俄国面临的经济基础以小农经济为主导。列宁在战时共产主义时期推行的"共耕制"因效率低下和农民抵制而失败,"我们不得不承认我们对社会主义的整个看法根本改变了"[22]。新经济政策时期,列宁主张通过合作社引导农民自愿联合,采用尽可能使农民感到简便易行和容

易接受的方法过渡到新制度。这一时期的合作社政策以流通领域的联合为切入点，通过消费合作社、信贷合作社等形式，将农民经济利益与国家调控相结合[23]。

斯大林时期的集体化运动则诞生于工业化加速与粮食收购危机交织的背景下。1927年粮食收购危机后，斯大林认为"集体农庄道路即社会主义道路对于劳动农民是唯一正确的道路"[24]。其理论逻辑从阶级斗争视角出发，将农业集体化视为农村社会主义建设的根本改造。但为应对战争威胁，苏联通过行政强制手段加速集体化进程，并坚持"我们已经从限制富农剥削倾向的政策过渡到消灭富农阶级的政策"[25] "决不能无止境地即过于长期地建立在两个不同的基础上"[26]，开始采取"非常措施"加速集体化进程，彻底改变了列宁时期的渐进方针。

(二) 集体经济内涵的制度分野

列宁的合作社理论本质上是一种"过渡形态"的经济组织形式。他区分了生产合作社与流通合作社的功能边界，主张从流通领域入手逐步改造生产领域。合作社成员保留土地、农具等生产资料所有权，通过供销、信用等环节的联合实现国家计划与个体经济的衔接。1923年，列宁在《论合作社》中明确指出，奖励参加合作社流转的农民，这种方式使农民从个人利益出发自愿参加合作社，其核心在于通过经济杠杆而非行政命令实现社会改造。新经济政策时期的实践显示，消费合作社网络覆盖全国60%的农户[27]。然而，列宁也清醒地认识到合作社发展的限度，"在最好的情况下，我们度过这个时代也要一二十年"[28]。

斯大林的集体农庄制度则构建了完全不同的制度框架。集体农庄以土地国有化为法律基础，强制将农民的生产资料（包括农具、牲畜等）收归集体所有，仅保留少量宅旁园地作为自留经济。斯大林在《关于集体化的速度和国家帮助集体农庄建设的办法》中要求"三年内完成全盘集体化"，并通过机器拖拉机站垄断农机供应以强化控制。至1937年，93%的农户被纳入集体农庄，但这一过程伴随着血腥的阶级清洗：1930—1931年，约200万"富农"

被流放或处决。集体农庄成员按劳动日进行分配，农产品通过义务交售制以低于成本价上缴国家或地区，形成"工农业剪刀差"。斯大林模式下的农业集体化虽在短期内支撑了工业化，却造成了农业生产效率持续低下：1933—1940年，集体农庄的粮食单产量始终低于1913年的水平。

三、中国共产党关于农村集体经济的基本观点

（一）毛泽东时期农村集体经济基本观点

1. 合作社与农村集体经济

毛泽东关于农村集体经济的思想体系，植根于马克思主义基本原理与中国革命实践的结合，其核心在于通过生产关系的革命性变革实现农村社会的现代化转型。毛泽东认为合作社和国营企业一样，都是社会主义经济体系的重要组成部分[29]，强调"合作社经济和国营经济配合起来，经过长期的发展，将成为经济方面的巨大力量，将对私人经济逐渐占优势并取得领导的地位"[30]。这一论断标志着毛泽东将合作社视为新民主主义经济结构中不可或缺的支柱，其本质是以私有制为基础、在无产阶级政权管理下的劳动群众集体经济组织。

社会主义改造时期，毛泽东的合作社理论发展为完整的制度设计。1951年《关于农业合作化问题》确立了合作社的阶级属性："必须树立贫农（再说一遍，包括现在的贫农和原来是贫农的全部新下中农在内，他们占农村人口的多数，或者大多数）的优势。"[31] 并在此基础上多次重申"合作社的领导机关必须建立现有贫农和新下中农在领导机关中的优势"[32]，因为没有贫农的优势，合作社就会变成富农的合作社，合作社就不能巩固[33]。随着对合作社认识的深入，毛泽东同志对合作社的具体结构也有了更为清晰的认知，强调合作社的领导成分应当由现有贫农和新下中农占三分之二，老下中农和新老上中农占三分之一[34]。这种阶级路线既保证了合作社的无产阶级性质，又为渐进式改造提供了组织保障。至1956年底，全国96.3%的农户加入高级

社,形成了"三级所有、队为基础"的集体所有制框架,这标志着个体经济向社会主义集体经济的根本转变。

2. 农村集体经济的发展步骤与实现形式

毛泽东设计的农村集体经济发展路径,体现了唯物辩证法量变质变规律的创造性运用。其演进逻辑可分为三阶段:互助组—初级社—高级社,每个阶段都对应着特定的所有制形式与分配方式。

互助组阶段(1949—1952年)作为集体化的萌芽形态,保留了土地私有制基础。具体而言,临时互助组解决季节性劳力短缺问题,常年互助组实现固定协作,这都是集体化的准备步骤。由社会主义萌芽的互助组,进到半社会主义的合作社,再进到完全社会主义的合作社,是走向集体化的必由之路[35]。这种过渡形式既避免了苏联强制集体化的激进风险,又为农民适应集体劳动提供了缓冲期。

初级农业生产合作社(1953—1955年)实现了所有制变革的质变突破。值得注意的是,初级社是半社会主义的,土地分红和劳动报酬同时存在,[36]但劳动报酬应逐步占更大比重。至1955年,全国初级社数量达63.3万个,覆盖近半数农户,为全面集体化积累了管理经验。

高级农业生产合作社(1956—1958年)标志着完全社会主义集体所有制的确立。毛泽东在1955年《大社的优越性》中强调,高级农业生产合作社,已经成了生产资料完全公有化的社会主义的经济组织。这种大规模的、工农商学兵结合的、乡社合一的、集体化程度更高的合作社,将会大大解放和发展生产力。[37] 此外,高级社实行土地集体所有、按工分分配的制度,平均规模200户,配备专职会计、技术员和保管员,形成了科层化管理架构。1956年全国粮食产量达1.92亿吨,较1952年增长19%,验证了集体化初期的制度效能。但后期片面追求"一大二公"导致1958年高级社骤变为2.6万个人民公社,暴露了脱离生产力发展阶段的冒进倾向。

此外,毛泽东还特别强调合作社的多样化发展路径。他主张要开展多种经营,产品种类要丰富,不能只搞粮食。[38] 通过多种经营才能增加社员收入，巩固合作社积累，提升合作社经济活力。上述思想为农村合作社多元化经营提供了早期的理论支撑。

(二) 邓小平时期农村集体经济基本观点

1. "第二个飞跃"是发展农村集体经济

邓小平关于农村集体经济的理论建构，始终贯穿着解放生产力与完善社会主义制度的双重逻辑。1990年3月，他系统地提出了"两个飞跃"理论："中国社会主义农业的改革和发展，从长远的观点看，要有两个飞跃。第一个飞跃，是废除人民公社，实行家庭联产承包为主的责任制。这是一个很大的前进，要长期坚持不变。第二个飞跃，是适应科学种田和生产社会化的需要，发展适度规模经营，发展集体经济。"[39]这一论断不仅揭示了农村经济改革的阶段论思想，更创造性地将集体经济复兴确立为农业现代化的终极方向。

邓小平始终强调生产关系要适应生产力发展水平的唯物史观。针对改革开放初期对家庭承包制的质疑，他在《关于农村政策问题》中明确指出："只要生产发展了，农村的社会分工和商品经济发展了，低水平的集体化就会发展到高水平的集体化。"[40]这种渐进式改革思维，既破除了"集体化等于计划经济"的教条，又避免了资本主义式的土地私有化倾向。邓小平领导下的改革实践表明，农村改革不是走资本主义道路，而是完善社会主义制度。重要的是，集体所有制的根基没有动摇，在这个基础上，统分结合的双层经营体制才能真正发挥作用（李君如，2016）。[41]

2. 农村集体经济的发展路径与实现形式

在发展路径上，邓小平主张破除形式主义的集体化模式，认为发展集体经济不是要回到过去"归大堆"、吃大锅饭的老路，而是要找新办法。比如，搞股份合作制，让农民既参加劳动又参与分红，提升劳动积极性。[42]并且针对实现形式，邓小平认为集体经济的形式可以多样化，可以搞农民合作社，也可以发展乡镇企业，关键是要让农民得到实惠。不要拘泥于一种模式，哪个办法有效就用哪个[43]，这种开放性思维为集体经济创新开辟了广阔空间。除集体经济组织形式外，邓小平特别强调各地区要因地制宜，因产制宜，不能搞一刀切[44]。特别是生产队规模、责任制形式，要由群众民主讨论决定，这种实事求是的态度，既坚持了社会主义方向，又尊重了经济规律。

邓小平尤其重视集体经济与市场机制的兼容性。他在南方谈话中创造性地指出："计划多一点还是市场多一点，不是社会主义与资本主义的本质区别。计划经济不等于社会主义，资本主义也有计划；市场经济不等于资本主义，社会主义也有市场。计划和市场都是经济手段。"[45] 这一论断为乡镇企业的崛起扫清了意识形态障碍。针对苏南等地集体企业的发展实践，他充分肯定："农村改革中，我们完全没有预料到的最大的收获，就是乡镇企业发展起来了，突然冒出搞多种行业，搞商品经济，搞各种小型企业，异军突起……乡镇企业的发展，主要是工业，还包括其他行业，解决了占农村剩余劳动力百分之五十的人的出路问题。农民不往城市跑，而是建设大批小型新型乡镇。如果说在这个问题上中央有点功绩的话，就是中央制定的搞活政策是对头的。"[46] 至1996年，乡镇企业已吸纳1.35亿劳动力，其工业增加值占全国总量的47%，生动印证了"集体经济与市场经济可以共生共荣"的理论预见。

在制度设计层面，邓小平始终把握着"统"与"分"的辩证关系。他在审阅党的十四大报告稿时强调农村家庭联产承包责任制是集体经济的新的经营形式，要长期坚持不变[47]，这种战略定力确保了土地集体所有制的根基稳固，这种辩证思维也为"三权分置"改革埋下了制度伏笔。

3. 农村集体经济的时代贡献

邓小平的农村集体经济观点，本质上是对马克思主义合作制理论的创造性发展。邓小平强调集体经济的内在社会主义属性，"我们在制定和执行政策时注意到了这一点。如果导致两极分化，改革就算失败了"[48]，这种价值取向，将集体经济的复兴上升为关乎社会主义本质的重大命题。面对全球化浪潮，他清醒地认识到农业问题要探索新办法，不能照抄西方国家和苏联一类国家的办法，不能走资本兼并、农民破产的老路[49]。

这一理论体系的历史贡献集中体现在三个方面：首先，重构了社会主义农业现代化的理论范式。邓小平打破"集体化—私有化"的二元对立，提出"在家庭经营基础上发展社会化服务，逐步壮大集体经济实力"的创新路径。其次，开创了中国特色农业现代化道路。通过乡镇企业的制度创新，形成了"离土不离乡"的工业化模式，1987年乡镇企业产值首超农业总产值，创造了发展中国家罕见的城乡协同发展奇迹。最后，奠定了共同富裕的制度基础。邓小平始终强调："社会主义最大的优越性就是共同富裕，这是体现社会主义本质的一个东西。"[50] 在集体经济发达的华西村、南街村等地，农民收入差距系数始终保持在0.25以下，生动地诠释了"先富带后富"的实践逻辑。

此外，在政策创新层面，邓小平的理论突破为新时代改革提供了思想源泉。他关于"发展适度规模经营"的论述，直接启发了土地"三权分置"改革；对乡镇企业"异军突起"的肯定，指引着当前农村三产融合发展；关于"集体经济形式多样化"的论断，则为新型农村集体经济的制度创新预留了理论空间。习近平总书记于2016年在小岗村重申"处理好统与分的关系"，正是对"两个飞跃"理论的继承与发展。

邓小平的农村集体经济观点，既蕴含着对马克思主义基本原理的坚守，又体现了与时俱进的创新勇气。农村集体经济改革是社会主义制度的自我完善，也是从集体经济中找到适应生产力发展的新形式[51]，邓小平关于农村集体经济的深入总结，不仅推动中国农业实现了从温饱不足到全面小康的历史跨越，更为全球发展中国家的农业现代化提供了中国方案。

（三）江泽民时期农村集体经济基本观点

1. 农村集体经济的重要地位

江泽民关于农村集体经济的理论创新，是在社会主义市场经济体制确立的关键时期，对社会主义公有制理论的重大发展。他在党的十六大报告中明确指出:"集体经济是公有制经济的重要组成部分,对实现共同富裕具有重要作用"[52],这一论断从制度层面确立了集体经济的战略地位,强调"劳动者的劳动联合和劳动者的资本联合为主的集体经济,尤其要提倡和鼓励"[53],这种"两个联合"理论既继承了马克思主义合作制原则,又突破了传统计划经济的桎梏,为社会主义市场经济条件下的集体经济赋予了新的时代内涵。

在政治属性上,江泽民始终强调集体经济的社会主义性质,认为农村集体经济是社会主义初级阶段基本经济制度在农村的具体体现,动摇集体经济就是动摇社会主义制度的根基[54],将集体经济的存续上升到政治高度,明确要求"继续支持和帮助多种形式的集体经济的发展"[55]。这种政治定位,既回应了改革开放初期对家庭承包制"去集体化"的质疑,也划清了与资本主义土地私有制的本质区别。

在经济功能层面,江泽民创造性地提出了"三个结合"的发展思路,认为中国集体经济要同推进农业产业化经营结合起来,同完善统分结合的双层经营体制结合起来,同发展乡镇企业结合起来[56]。这种系统思维不仅突破了传统集体经济的封闭性,还要求集体经济管好集体资产,积极组织生产服务和资源开发,增强集体经济实力[57]。

在社会治理层面,江泽民将集体经济视为巩固党的执政基础的关键抓手,认为"村级组织建设的关键是抓好两条,一条是建设一个好支部,一条是发展集体经济,真正做到有人管事、有钱办事"[58]。这种"经济实力支撑治理能力"的思想,将集体经济发展与基层政权建设紧密关联,认为如果集体经济薄弱,村级组织就缺乏凝聚群众的物质基础,社会主义优越性就难以体现[59],深刻揭示了集体经济在维护农村社会稳定、实现共同富裕中的特殊价值。

2. 农村集体经济的多元化实现形式

江泽民时期的农村集体经济实践,本质上是社会主义公有制与市场经济相结合的制度创新过程。在产权制度改革方面,江泽民提出了"两个联合"的创新理论,通过充分肯定股份合作制的改革方式,强调股份合作制是公有制有效实现形式[60],推动了全国范围内的集体企业改制浪潮。这种理论突破,既保持了集体所有制性质,又引入现代企业制度要素,从而使集体经济焕发新的活力。在经营形态创新方面,江泽民强调要与时俱进拓展发展空间,"积极发展农业产业化经营,形成生产、加工、销售有机结合和相互促进的机制,推进农业向商品化、专业化、现代化转变"[61]。这种产业链思维推动集体经济从单一生产向加工、流通领域延伸。此外,通过引导乡镇企业向小城镇集中,将集体经济深度融入城镇化进程的发展模式,也不断催生了物业经济、园区经济等农村集体经济新形态。

党的十五大报告也明确指出,"公有制实现形式可以而且应当多样化。一切反映社会化生产规律的经营方式和组织形式都可以大胆利用。要努力寻找能够极大促进生产力发展的公有制实现形式"。江泽民关于农村集体经济多元化形式的理论创新,构建了社会主义市场经济条件下公有制经济的新范式,为新时代农村集体经济的创新发展奠定了理论和实践基础。

(四)胡锦涛时期农村集体经济基本观点

1. "两个转变"思想中的农村集体经济

胡锦涛关于农村集体经济的理论创新,集中体现于"两个转变"思想的科学论断:一方面,家庭经营要向提高集约化水平转变,着力培育专业大户、家庭农场、农民合作社等新型经营主体;另一方面,统一经营要向增强服务功能转变,发展集体经济组织的专业化服务能力,培育多元化农业服务组织[62]。这种辩证思维继承并发展了邓小平"第二个飞跃"的战略构想,在发展农村集体经济中,既强调了稳定和完善农村基本经营制度的政治定力,又提出了推进农业经营体制机制创新的改革勇气,将集体经济的复兴与现代农业体系建设紧密结合。

对于集体经济的制度创新,胡锦涛始终强调"尊重农民首创精神"与"坚持社会主义方向"的统一。2008年,胡锦涛同志在中央农村工作会议上指出:"推进农业经营方式转变,必须坚持农村基本经营制度不动摇,核心是正确处理统与分的关系。"这一论断既延续了江泽民"公有制实现形式多样化"的改革思路，又深化了邓小平"生产关系适应生产力"的唯物史观。针对土地流转问题，胡锦涛明确要求："按照依法自愿有偿原则，允许农民以转包、出租、互换、转让、股份合作等形式流转土地承包经营权，发展多种形式的适度规模经营"[63]，这种政策导向既维护了土地集体所有制的根本属性，又优化了生产要素市场化配置。

此外，胡锦涛还特别注重集体经济服务功能的战略性提升。他指出，统一经营要向发展农户联合与合作的方向转变，需要重点加强农业技术推广、疫病防控、农产品质量安全等公共服务[64]。集体经济服务功能的发展突破了传统集体经济局限于生产管理的职能局限，赋予其服务现代农业发展的新使命。

2. 农村集体经济的功能作用

胡锦涛关于农村集体经济功能的论述，构建了"经济基础—政治保障—社会治理—生态服务"四位一体的价值体系。

在经济基础维度，胡锦涛强调集体经济对现代农业的支撑作用，认为发展集体经济组织的社会化服务，是解决"谁来种地""如何种好地"问题的关键举措，其关键在于要求集体经济组织整合生产要素、推广先进技术、提升农业综合生产能力。

在政治保障维度，发展农村集体经济，不仅是经济问题，更是关系党在农村执政基础的政治问题。将集体经济的战略地位提升到巩固党的执政根基的高度，既延续了江泽民"集体经济是社会主义根基"的政治判断，又赋予其服务国家治理现代化的新内涵。

在社会治理维度，胡锦涛将集体经济视为维护农村稳定的"压舱石"。集体经济实力是农村基层组织的物质基础，只有集体经济发展了，基层党组织才有凝聚群众的物质条件。集体经济社会治理作用的认知，体现了经济基础与政治建设的辩证关系，既发展了江泽民"有钱办事、有人管事"的基层治理观，又回应了邓小平"防止两极分化"的政治警示。

在生态服务维度，胡锦涛创造性地拓展了集体经济的时代使命。党的十八大报告中提出："把生态文明建设放在突出地位，融入经济建设、政治建设、文化建设、社会建设各方面和全过程"，生态文明建设也推动集体经济从传统生产功能向生态服务功能转型。

（五）习近平新时代新型农村集体经济基本观点

1. 新型农村集体经济的有效实现形式

"要探索集体所有制有效实现形式，发展壮大集体经济"[65]是当前党和政府关于农村集体经济工作的重点，在此基础上关于新型农村集体经济实现形式的理论创新，开辟了社会主义公有制与市场经济深度融合的新境界。习近平在党的二十大报告中明确要求："巩固和完善农村基本经营制度，发展新型农村集体经济，发展新型农业经营主体和社会化服务，发展农业适度规模经营。"[66]这一战略部署为新时代农村集体经济注入了强劲动能。2022年中央农村工作会议指出：农村集体产权制度改革重点是适应社会主义市场经济要求，构建产权关系明晰、治理架构科学、经营方式稳健、收益分配合理的运行机制，充分利用农村集体自身资源条件、经营能力，探索资源发包、物业出租、居间服务、资产参股等多样化途径发展新型农村集体经济。

对于产权制度创新，要鼓励发展农民股份合作，赋予集体资产股份权能，让资源变资产、资金变股金、农民变股东。这种"三变"改革通过确权赋能，既保持了集体所有制根本性质，又实现了要素市场化配置。在经营形态创新方面，习近平提出多维突破路径，不仅要推动农村一二三产业融合发展，增强集体经济的内生动力，还要依托农业农村特色资源，向开发农业多种功能、挖掘乡村多元价值要效益。整体而言，农村集体经济经营要从生产领域拓展至全产业链，构建起现代化农业经营体系。

2. 新型农村集体经济的实现路径

习近平为新型农村集体经济规划的实践路径，彰显了理论与实践相结合的鲜明品格。他在《中共中央关于制定国民经济和社会发展第十四个五年规划和二〇三五年远景目标的建议》中提出："深化农村集体产权制度改革,发展新型农村集体经济。"这一战略部署通过三大支柱落地实施:深化产权制度改革、健全市场化机制、推动城乡融合发展。

在深化产权制度改革方面,习近平在党的十九大报告中强调:"深化农村集体产权制度改革,保障农民财产权益,壮大集体经济。"[67]其关键在于深化产权制度改革,要求全面开展农村集体资产清产核资,把集体家底摸清摸实。同时,对于股份合作制改革,要求探索集体资产股权质押、继承等权能实现形式,让农民带着权益进城。这些改革举措既盘活了沉睡资源,又维护了农民根本利益,体现了以人民为中心的发展思想。

在健全市场化机制方面,习近平提出明确要求:"建立符合市场经济要求的集体经济运行机制,确保集体资产保值增值。"[68]他在浙江工作期间推动的"三位一体"(生产合作、供销合作、信用合作)改革,通过组建农民合作经济组织联合会,构建起覆盖全产业链的服务体系。此外,在集体经济发展过程中,需要推动集体经济组织与社会资本合作,既要引进现代管理经验,又要防止资本无序扩张。

在城乡融合发展领域,习近平强调:"强化以工补农、以城带乡,加快形成工农互促、城乡互补、协调发展、共同繁荣的新型工农城乡关系。"[69]在2022年中央农村工作会议上,习近平强调:要破除妨碍城乡要素平等交换、双向流动的制度壁垒,促进发展要素、各类服务更多下乡,率先在县域内破除城乡二元结构。

习近平始终强调共同富裕的价值导向,坚持发展新型集体经济的根本目的是要让农民群众共享现代化成果。在2022年中共十九届中央政治局常委会会议中,习近平指出,乡村振兴的前提是巩固脱贫攻坚成果,要持续抓紧抓好,让脱贫群众生活更上一层楼。这种人民至上的执政理念,将集体经济发展与共同富裕目标有机统一,彰显了习近平新时代中国特色社会主义思想的真理力量和实践伟力。

第二节　改革开放后中国农村集体经济实践历程

改革开放以来，中国农村集体经济在市场化转型中走出了制度创新之路，主要分为乡镇企业崛起阶段、新型农村集体经济探索阶段和新型农村集体经济创新发展阶段。乡镇企业崛起阶段（1985—2002年）打破了传统农业桎梏，以"离土不离乡"模式推动农村工业化，通过集体资本积累实现工农互促，但产权模糊与城乡失衡问题随之凸显。新型农村集体经济探索阶段（2003—2012年）聚焦制度破局：农业税取消释放活力，土地流转与产权改革试点重构集体与农户关系，通过要素重组激活内生动力，推动农村从温饱型经济向服务型经济转型。新型农村集体经济创新发展阶段（2013年至今）则立足乡村振兴战略，以"三权分置"改革和集体资产股份化为核心，探索三产融合与共同富裕路径，逐步构建多元化经营体系。这一历程既呈现了从"生存保障"到"高质量发展"的升级轨迹，也映射出制度供给与市场适配的动态博弈，揭示了中国农村现代化进程中集体经济转型的独特逻辑。下文将系统解析各阶段政策演进、实践突破与深层挑战。

一、乡镇企业崛起阶段（1985—2002年）

（一）核心政策与制度创新

20世纪80年代中期至21世纪初，中国农村集体经济在市场化改革的驱动下实现了历史性突破。这一阶段的核心政策以"破除计划经济体制束缚"为主线，通过渐进式制度创新激活农村要素市场。1985年中央发布《关于进一步活跃农村经济的十项政策》，正式废除实行32年的农产品统购统销制度，转而实行合同定购与市场收购并行的双轨制，赋予农民生产经营自主权。与此同时，政府对乡镇企业的定位发生根本转变：1984年"社队企业"更名为

"乡镇企业",标志着其从计划经济附属品升级为农村经济支柱产业。为支持乡镇企业发展,中央实施财税金融倾斜政策,包括信贷额度专项分配、所得税"三免两减半"等优惠措施,并通过"离土不离乡"模式引导农村劳动力就地转移。在土地制度改革方面,1993年第二轮土地承包期限延长至30年,稳定了农民对土地经营的长期预期;20世纪90年代逐步放开农村劳动力跨区域流动限制,为乡镇企业提供了廉价劳动力供给。这些政策形成了"政府引导+市场驱动"的双轨机制,在保留集体所有制框架的同时引入竞争机制,为乡镇企业崛起奠定了制度基础[70]。

(二) 具体实践与成效

1. 实践路径分化

乡镇企业的实践呈现出鲜明的地域特色与所有制差异。在长三角地区,苏南模式依托地方政府主导的集体资本积累,重点发展纺织、机械制造等劳动密集型产业,通过利润再分配建立"以工补农"机制,形成工农协同发展的闭环系统。与之形成鲜明对比的温州模式,则以家庭作坊为基础,通过私营经济集群化突破"就地取材、加工、销售"的限制,构建起覆盖全国的小商品流通网络,其纽扣、打火机等产品占据全国市场份额的70%以上。珠三角地区则凭借毗邻港澳地区的地缘优势,通过"三来一补"模式承接国际产业转移,东莞、顺德等地形成电子、服装等出口加工产业集群,成为全球产业链的重要节点。

2. 经济社会成效

乡镇企业的勃兴带来了多维度的结构性变革。在经济层面,其总产值从1985年的2728亿元飙升至2002年的14万亿元,占全国工业总产值比重从16%跃升至46%,成为国民经济增长的重要引擎。在就业吸纳方面,1996年乡镇企业从业人员达1.35亿,占农村劳动力总量的28%,有效缓解了农村隐性失业问题。社会转型效应更为深远:农民非农收入占比从1985年的18%升至2002年的34%，长三角、珠三角地区部分乡镇农民收入超过城市居民；乡镇企业集聚催生的专业镇经济推动全国建制镇数量从1992年的14539个增至2002年的20601个，加速了农村城镇化进程。此外，乡镇企业的技术溢出效应显著，20世纪90年代末期民营科技企业占比达65%，为国企改制提供了市场化经验[71]。

（三）主要矛盾与问题

1. 产权模糊导致治理失效与效率损失

乡镇企业名义上属于集体所有，但实际控制权掌握在乡镇政府手中，形成"所有者缺位"与"内部人控制"双重困境。乡镇政府通过行政指令干预企业经营，将企业利润转化为地方财政收入或政绩工程投资，导致预算软约束问题。以浙江为例，1985—1990年乡镇企业固定资产税利率从39.8%降至26%，资产负债率从45%攀升至65%，部分资源被低效配置到重复建设领域。1995年江苏省乡镇企业审计显示，因乡镇干部挪用资金、违规担保造成的坏账占总资产的12%，导致集体经济治理失效与效率损失。集体经济产权模糊的治理模式不仅抑制了企业家精神，更引发了农民权益受损。1998年，山东某地因镇政府擅自出售集体企业资产，触发数百名村民集体上访事件，暴露出产权虚置下的利益分配失衡[72,73]。

2. 城乡二元结构的制度性强化

乡镇企业"离土不离乡"的发展策略，客观上成为固化城乡分割的制度载体。尽管吸纳了1.3亿农村劳动力，但农民工并未真正融入城市体系，20世纪90年代其平均工资仅为城市职工的40%，且仅有7%的企业为员工缴纳养老保险。这种"半工半农"的过渡状态，使2.6亿农村剩余劳动力被困于"候鸟式迁移"的处境。更深层次的土地制度矛盾在于，乡镇企业建设用地通过集体土地低价征用模式扩张，1990—2000年全国乡镇企业占用耕地达4200万亩，单位土地产出效率仅为国有工业用地的20%，却无需承担土地增值税等成本[74]。这种扭曲的要素定价机制,导致苏南地区出现"村村点火、户户冒烟"的分散工业化格局,加剧了耕地碎片化与生态退化[75]。

3. 粗放增长模式下的生态不可持续性

乡镇企业技术的起点低、环境规制松的特点,使其成为环境污染的主要源头。1997年,乡镇工业废水排放量达59亿吨,占全国工业废水总量的21%,其中造纸业化学需氧量排放量占比高达67%。在淮河流域,4.7万家小造纸厂使Ⅳ类以下水质河段超过80%,污染治理成本高达280亿元,远超这些企业十年税收的总和。在能源消耗方面,乡镇企业万元产值能耗达3.4吨标准煤,是国有企业的2.3倍,小水泥、小冶金等行业设备能耗比国际水平高出40%~60%。这种"先污染、后治理"的发展路径,不仅透支环境容量,更形成路径依赖[76]。1998年关停"十五小"企业政策推行时,仅山西一省就有12万农民因失业返贫,凸显了环保治理与民生保障的尖锐矛盾[77]。

4. 区域失衡与产业同质化的结构性危机

乡镇企业发展呈现显著的空间分化特征,2000年东部地区乡镇企业总产值占比达73%,而西部省份仅占7%,东西部农民收入差距从1985年的1.5倍扩大至2002年的2.3倍。这种失衡源于制度环境的梯度差异:东部沿海凭借政策试点权、外贸特许权等制度红利,形成"马太效应"。与此同时,产业同质化导致低端产能过剩[78],20世纪90年代末全国乡镇纺织企业达28万家,设备利用率不足60%,每米布利润从1988年的0.3元降至1996年的0.07元。在全球化冲击下,缺乏核心技术的乡镇企业陷入"代工陷阱",2001年乡镇企业出口产品中自主品牌占比不足5%,贴牌加工利润率被压缩至3%~5%,东莞等地代工厂出现"五毛钱利润"的困局。这种粗放扩张模式最终引发系统性风险,1997年亚洲金融危机期间乡镇企业亏损率扩大至18%,暴露了过度依赖劳动力成本优势的脆弱性[79]。

二、新型农村集体经济探索阶段（2003—2012年）

（一）核心政策与制度创新

2003—2012年是中国农村集体经济从传统模式向现代化转型的关键阶段，政策体系围绕破解城乡二元结构、激活要素市场和重构集体经济功能展开。2006年，《中华人民共和国农业税条例》的废止标志着延续2600年的"皇粮国税"历史终结，直接为农民减负约1250亿元，释放了农村消费和投资潜力[80]。在土地制度改革方面，2008年《中共中央关于推进农村改革发展若干重大问题的决定》明确提出"允许农民以转包、出租、互换、转让、股份合作等形式流转土地承包经营权"，至2012年全国土地流转面积达2.7亿亩，占家庭承包耕地总面积的21.5%[81]。集体产权制度改革试点同步推进，2007年农业农村部启动"农村集体资产产权制度改革试点"，在29个县开展清产核资、股份量化实践，北京市大兴区率先探索"资产变股权、农民当股东"模式，为集体资产资本化开辟了路径[82]。在服务体系建设层面，2006年《中华人民共和国农民专业合作社法》实施，推动全国农民合作社数量从2007年的2.64万家增至2012年的68.9万家，构建起"农户+合作社+市场"的新型经营体系[83]。这一阶段的政策创新体现了从"资源管制"向"要素激活"的转向，通过制度松绑重构了集体与农户的利益联结机制。

（二）具体实践与成效

1. 资源整合型集体经济模式探索

在土地细碎化与劳动力外流的双重压力下，部分地区通过要素重组激活集体经济内生动力。贵州省塘约村的"三变"改革（资源变资产、资金变股金、农民变股东）成为典型范式，该村将2800亩零散土地整合为连片产业基地，通过集体股份合作社统一经营，2012年村集体收入从不足4万元增至82万元，农民人均收入翻番[84]。江苏省华西村则通过"土地入股+产业融合"

模式,将集体土地转化为工业园和旅游地产,形成现代农业与服务业联动发展格局,2010年集体资产突破300亿元[85]。此类实践验证了要素市场化配置的效率提升效应:全国农村集体经营性建设用地入市试点区域,土地出让收益率较传统农业提升4~6倍,农民财产性收入占比从2003年的3%提升至2012年的9.4%[86]。

2. 服务型集体经济功能重构

集体经济组织逐步从直接生产者转向服务供给者。浙江省滕头村建立"村级公共服务基金",将集体收益的40%用于农业技术推广、农机租赁和品牌营销,带动周边12个村发展订单农业,2012年区域农产品溢价率达35%[87]。山东寿光依托合作社构建"种苗供应—技术指导—冷链物流"全产业链服务体系,使蔬菜大棚亩均收益从1.2万元增至3.8万元[88]。服务功能转型带来显著社会效益:2012年全国村级集体提供的公共服务支出达1870亿元,较2003年增长4.2倍,农村合作医疗覆盖率从21%提升至97%,义务教育巩固率提高至91.8%[89]。这种从"统管生产"到"赋能服务"的转变,重塑了集体经济在乡村振兴中的枢纽作用。

三、新型农村集体经济创新发展阶段(2013年至今)

(一)核心政策与制度创新

新时代以来,党中央将农村集体经济改革纳入全面深化改革的战略布局,以习近平总书记关于"三农"工作的重要论述为根本遵循,系统推进制度创新。习近平总书记在2018年中央政治局第八次集体学习时指出"要把好乡村振兴战略的政治方向,坚持农村土地集体所有制性质,发展新型集体经济,走共同富裕道路"[90],为改革指明了方向。在制度设计层面,2016年发布的《中共中央 国务院关于稳步推进农村集体产权制度改革的意见》提出"归属清晰、权能完整、流转顺畅、保护严格"的现代产权制度框架,通过清产核资摸清集体家底,截至2020年底全国清查集体资产总额达6.5万亿元,量化经营性资产 3.1 万亿元[91]。土地制度改革取得历史性突破，2019 年党的十九届四中全会提出"完善农村承包地'三权分置'制度"；2020 年修订的《中华人民共和国土地管理法》在法律层面确立集体经营性建设用地入市制度。在治理体系方面，2018 年中央一号文件强调"健全农村集体经济组织法人治理结构"，推动全国 87% 的行政村建立成员大会、理事会、监事会协同治理机制，实现集体资产管理的制度化、规范化[92]。这些政策创新体现了以习近平同志为核心的党中央对马克思主义集体经济理论的继承发展，形成了"产权明晰化、要素市场化、治理现代化"的中国特色农村集体经济理论体系。

（二）具体实践成效

1. 制度创新驱动要素价值释放

在习近平总书记关于"管好用好农村资源资产"的重要指示精神指引下，集体产权制度改革释放出显著制度红利。通过"资源变资产、资金变股金、农民变股东"的三变改革，2015—2021 年全国农村集体经济村均收入达 9.5%[93]。土地要素市场化配置取得突破，集体经营性建设用地入市试点地区土地收益显著增加[94]，印证了习近平总书记关于"让市场在资源配置中起决定性作用"的改革思想[95]。在 2021 年中央财经委员会第十次会议上提出的"在高质量发展中促进共同富裕"目标指引下，集体经济组织覆盖率达 87.2%[96]，形成"农户+集体+市场"的共享发展机制[97]。

2. 治理现代化提升发展效能

按照党的十九大提出的"健全自治、法治、德治相结合的乡村治理体系"要求，集体经济组织治理能力实现质的提升。截至 2023 年底，全国实行财务公开的农村比例达 99.1%。此外，党的十八大以来，党中央、国务院高度重视信息化在国家治理中的支撑作用，数字技术同样推动了新型农村集体经济的发展，农村集体经济资产监管平台已实现县域层面的全面覆盖，提高了农村集体经济资金的利用效率[98]。

(三) 新时代新型农村集体经济组织形式

新型农村集体经济组织形式的创新是集体产权制度改革深化的必然产物，其核心在于通过制度设计实现集体所有制与市场经济的有机衔接。根据中央政策导向与地方实践探索，当前主要形成以下组织形式创新路径。

1. 基于主体结构的组织形式创新

新型农村集体经济组织的主体重构是制度创新的基础性突破，体现了集体所有制与市场机制的深度耦合。习近平总书记在党的二十大报告中强调"发展新型农村集体经济，发展新型农业经营主体"，为组织形式创新提供了根本遵循[99]。实践中形成三大主体形态：其一，党支部领办型集体经济组织，通过"党政经一体化"治理模式，将党组织嵌入经济决策全流程。例如，《中国共产党农村工作条例》要求"基层党组织负责人可依法兼任集体经济组织负责人"。其二，政经分离型市场法人主体，依据《中华人民共和国民法典》赋予的特别法人地位，建立现代企业治理架构。2024年修订的《中华人民共和国农村集体经济组织法》明确其享有自主经营权、收益分配权等六大法人权利。其三，混合所有制经济联合体，打破了传统集体产权的封闭性，通过国有资本、社会资本参股形成多元化产权结构。

2. 基于经营模式的组织形式创新

经营模式创新是激活要素价值的关键路径，其理论依据源于习近平总书记提出的"巩固和完善农村基本经营制度"重要论述。在"三权分置"改革框架下，土地经营权入股形成的股份合作社成为主导形态，通过"确权确股不确地"模式实现规模经营，2017年约有0.3亿亩耕地纳入股份合作体系，提高了土地产出率[100]。服务赋能型联合社的兴起则体现了社会化分工理论的应用，整合技术、金融等要素构建全产业链服务体系。此外，数字技术的深度融合催生了新型组织载体，如苏州市相城区共有超过85亿元的集体资产，通过区块链技术实现了全生命周期监管，落实了"加快数字乡村建设"的战略部署。这些创新形态打破了传统集体经济的路径依赖，形成了"产权明晰化、经营专业化、服务集成化"的现代经营体系[101]。

3. 基于合作层级的组织形式创新

合作层级的空间拓展重构了集体经济的辐射半径，实践了"城乡融合发展"理论的核心要义。在村域层面，自主发展型组织立足资源禀赋，形成资源开发、资产运营等差异化发展路径。并且，通过跨村联合发展模式，农村集体经济突破了行政区划壁垒，通过"飞地经济""片区联营"等机制实现了要素优化配置[102]。在城乡层面，城乡联动型农村集体经济发展模式则构建起要素双向流动通道，其中城市资本通过PPP模式参与农村基建，集体经济组织则以资源入股，从而促使城市资本和农村集体经济形成利益共同体[103]。这种空间重构既保留了村集体的自主性，又形成了跨域协同效应，为破解城乡发展不平衡提供了制度样本[104]。

4. 组织形式的制度创新方向

农村集体经济制度创新的深化聚焦三大重点领域：（1）在产权制度方面，除产权制度改革外，动态股权调整机制成为农村集体经济制度创新的重点，动态股权调整机制不仅可以调动新增成员的积极性，还能够提升农村集体经济的资源利用效率和集体经济组织活力[105]；（2）在治理能力现代化方面，"三会一层"治理架构和职业经理人不断在农村集体经济组织中发展，不断提高农村集体经济组织的治理效率和经营效率；（3）在数字化转型方面，农村集体经济组织不断向数字化转型，但值得注意的是农村集体经济组织的数字化转型在不同地区的发展水平存在显著差异，如重庆、四川等地已经初步实现数字化转型，而一些信息化基础设施较弱的地区仍然处于起步阶段[106]。

第二章

中国农村集体经济发展现状、时代价值与主要困境

　　立足于农村集体经济发展理论和历史演进路径，本章聚焦当代中国农村集体经济的发展现状，剖析其现实价值并总结当前面临的问题，为后续探索中国农村集体经济发展路径提供实证和经验支撑。具体而言，首先，本章基于官方统计数据对当前农村集体经济的总体发展态势进行系统分析，重点揭示其在组织结构、经济实力、制度建设等方面的阶段性成果与多样化特征；其次，从巩固脱贫成果、实现共同富裕、推进特色农业现代化和巩固党在农村的执政基础等宏观维度，阐释中国农村集体经济发展在新时代中国特色社会主义进程中的多重价值与战略意义；最后，聚焦信息不对称与销售渠道受限、人才短板和管理低效等现实障碍，探讨其发展困境及内在结构性矛盾。本章的研究不仅有助于全面认识当前农村集体经济发展的成效与瓶颈，也为深化农村集体经济制度改革、完善政策支持体系提供了数据支撑和直观依据，对推动农业农村现代化进程具有重要的实践意义。

第一节　中国农村集体经济发展现状

　　明晰中国农村集体经济发展现状能够为深化集体经济制度改革、完善农村

集体经济政策支持体系提供经验证据。鉴于数据可得性，研究目标聚焦于省际层面，时间跨度为2015—2022年，其数据主要来源于《中国农村经营管理统计年报》（2015—2018年）和《中国农村政策与改革统计年报》（2019—2022年）。对于部分省份和年份的缺失值，本书基于各省级统计年鉴和省级农村统计年鉴进行补充。

一、中国农村集体经济发展的时空演变特征

（一）时序演变特征

基于中国2015—2022年省际农村集体经济数据，揭示中国农村集体经济发展的时序演变特征。

1. 中国农村集体经济整体规模时序演变特征

随着2014年中国开展农村集体产权制度改革，中国农村集体经济发展速度虽然呈现波动式变动，但整体呈上升趋势（图2-1）。中国农村集体经济总收入从2015年的4099.54亿元增长到2022年的6711.39亿元，年均增速达到

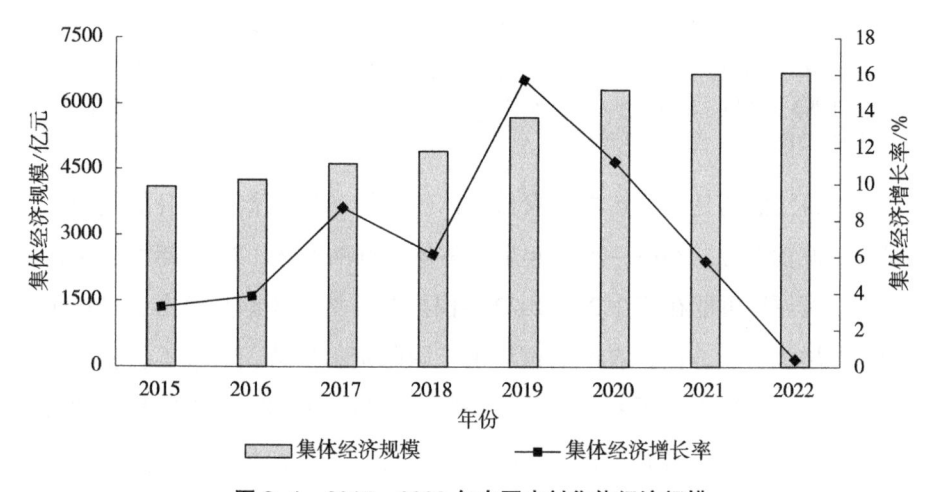

图2-1 2015—2022年中国农村集体经济规模

资料来源：农业农村部农村合作经济指导司、农业农村部政策与改革司编《中国农村经营管理统计年报》（2015—2018年）；农业农村部政策与改革司编《中国农村政策与改革统计年报》（2019—2022年）。笔者计算而得。

7.30%，中国农村集体经济规模不断发展壮大。从村级集体经济收入平均水平来看（图2-2），中国农村集体经济规模仍然呈现上升趋势，由2015年的70.74万元上升到2022年的123.03万元，年均增长速度达到8.23%，年均增速高于中国农村集体经济整体发展速度。并且从变动趋势来看，村级变化趋势在2015—2020年呈平稳上升态势，但2020—2022年变动趋势呈快速下降态势，表明农村集体经济受外部因素影响更为明显。

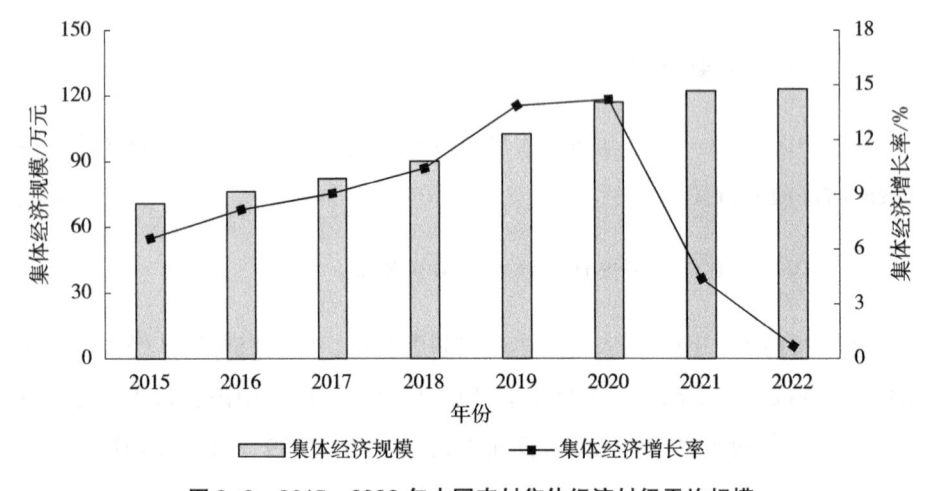

图2-2　2015—2022年中国农村集体经济村级平均规模

资料来源：农业农村部农村合作经济指导司、农业农村部政策与改革司编《中国农村经营管理统计年报》（2015—2018年）；农业农村部政策与改革司编《中国农村政策与改革统计年报》（2019—2022年）。笔者计算而得。

但值得注意的是，虽然中国农村集体经济增速呈现整体上升的趋势，但年份间呈波动趋势，2015—2020年呈现整体上升的态势，2020年之后增速开始放缓。其原因可能在于2020—2022年国内外经济形势渐趋复杂，经济下行压力不断增大，一方面，农产品市场由于国际贸易形势，需求不再稳定，价格波动较大，直接影响了农村集体经济收入；另一方面，由于原材料和劳动力成本上涨，也直接增加了农村集体经济发展的经营成本。此外，2020年新冠疫情对中国农村集体经济同样造成了严重的冲击，不仅导致村级物流受阻，农产品和工业品运输销售困难，而且导致农村第三产业（如农村旅游、餐饮业）发展停滞，严重抑制了中国农村集体经济的发展。

2. 中国农村集体经济发展村级结构时序演变特征

从村级结构来看，如表 2-1 所示，2015—2022 年无经营收益农村比例呈持续下降趋势，2015 年为 53.62%，到 2022 年降至 22.21%。这表明中国农村集体经济中，越来越多的主体开始产生经营收益，反映出农村集体经济在经营发展方面取得积极进展。相应地，有经营收益农村的比例持续上升，从 2015 年的 46.43% 升至 2022 年的 77.79%，体现出农村集体经济经营活跃度不断提高。从收益区间来看，0~5 万元经营收益的农村比例大幅度减少，占比从 2015 年的 48.87%，降至 2022 年的 22.44%。而 5 万~10 万元和 10 万~50 万元经营收益的农村占比大幅度增加，占比分别从 2015 年的 20.71% 和 19.24%，上升到 2022 年的 25.57% 和 38.15%，表明这两个收益区间的经营主体数量在不断增加，是农村集体经济发展的重要力量，经营效益逐步提升。但值得注意的是，2022 年 0~5 万元区间的农村占比仍然超过 20%，虽然整体趋势是快速下降，但是经营收益较低的农村占比仍然接近 1/4。而且经营收益在 50 万元以上的农村占比幅度变化不大，表明虽然中国农村集体经济呈现快速发展态势，但总体发展质量仍然较低，大部分农村集体经济发展难以突破经营收益 50 万元的门槛，需要进一步探索促进更多主体迈向高收益区间的发展策略。

表 2-1 中国农村集体经济发展水平的结构分布

年份	无经营收益农村比例	有经营收益农村比例	有经营收益农村的收益区间占比			
			0~5 万元	5 万~10 万元	10 万~50 万元	50 万~100 万元	100 万元以上
2015	53.62%	46.43%	48.87%	20.71%	19.24%	4.87%	6.31%
2016	51.53%	48.49%	48.22%	21.01%	19.20%	5.02%	6.52%
2017	46.47%	53.49%	45.31%	21.94%	20.52%	5.28%	7.03%
2018	35.83%	64.23%	43.36%	23.63%	21.63%	5.13%	6.37%
2019	28.82%	71.22%	40.58%	25.27%	23.68%	4.72%	5.69%
2020	22.54%	77.52%	29.83%	27.46%	31.53%	5.44%	5.82%
2021	21.09%	78.87%	24.94%	27.51%	35.30%	6.07%	6.03%

续表

年份	无经营收益农村比例	有经营收益农村比例	有经营收益农村的收益区间占比					
			0~5万元	5万~10万元	10万~50万元	50万~100万元	100万元以上
2022	22.21%	77.79%	22.44%	25.57%	38.15%	7.30%	6.54%

资料来源：农业农村部农村合作经济指导司、农业农村部政策与改革司编《中国农村经营管理统计年报》（2015—2018年）；农业农村部政策与改革司编《中国农村政策与改革统计年报》（2019—2022年）。笔者计算而得。

（二）空间分布特征

1. 中国地区间农村集体经济规模差异

从区域来看，当前中国农村集体经济呈现出区域分化明显的发展格局。图2-3描绘了2015—2022年中国东部、中部、西部和东北部农村集体经济的区域分布及其发展态势。具体而言：（1）东部地区农村集体经济发展总体规模最大，从2015年的273.68亿元稳步增长至2022年的近450亿元，年均增长率为7.36%，尤其在2016—2019年，东部地区集体经济增速出现显著上升，年均增长率突破10%；（2）中部地区农村集体经济规模虽然同样呈现稳步加增态势，由2015年的123.02亿元增长至2022年的231.24亿元，但是增速曲线波动较为剧烈，反映出中部农村集体经济处于快速扩张阶段但稳定性仍然有待加强；（3）西部地区和东北部地区农村集体经济发展整体规模较小，始终在60亿元左右徘徊，但与西部地区不同，东北部地区的发展速度呈现整体上升趋势，且上升趋势较为稳定。综上所述，东部地区农村集体经济体量最大、增长相对稳定，中部地区扩张迅速但波动显著，西部和东北部地区农村集体经济体量最小，但东北部则表现出阶段性增长潜力。因此，在推进农村集体经济高质量发展的过程中，应依据区域差异制定差异化政策，强化中西部与东北部的制度供给和产业支持，从而缩小区域发展差距，实现集体经济的均衡和可持续发展。

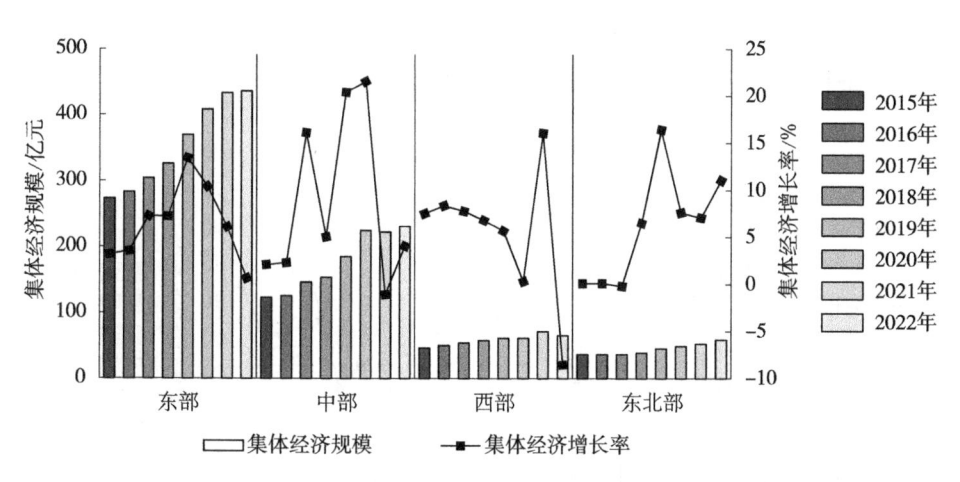

图 2-3　2015—2022 年中国东部、中部、西部和东北部农村集体经济规模

资料来源：农业农村部农村合作经济指导司、农业农村部政策与改革司编《中国农村经营管理统计年报》（2015—2018 年）；农业农村部政策与改革司编《中国农村政策与改革统计年报》（2019—2022 年）。笔者计算而得。

除农村集体经济总体体量外，地区间村级农村集体经济发展的平均水平更能体现地区间农村集体经济发展质量。图 2-4 展示了 2015—2022 年中国东部、中部、西部和东北部农村集体经济的村级平均规模。具体而言：（1）东部地区在整个观察期内始终保持村级平均集体经济规模的领先地位，集体经济均村规模从 2015 年的 244.06 万元增长至 2022 年的 374.88 万元，七年间增长了 53.6%，年均增长率为 6.32%。尤其在 2019 年，东部地区实现了 16.25% 的高速增长，凸显出当年集体经济资产运营效率和组织能力的明显提升。但值得注意的是，自 2020 年起东部地区增速开始趋缓，受疫情和经济下行影响出现负增长，虽然 2022 年开始逐渐恢复，但仍然需要注意日后的发展态势，需要关注高速增长阶段后边际效益递减、资源整合瓶颈和监管难度加大等新的挑战；（2）中部地区集体经济村均规模处于中间水平，但发展速度同样呈现快速上升的态势，2015 年为 45.98 万元，到 2022 年达到 96.66 万元，累计增长率超过 110%，年均增长率达 10% 以上，并且受疫情和经济下行的影响较小，表明中部地区农村集体经济发展的稳定性；（3）西部和东北部地区发展水平和速度情况较为类似，集体经济村均规模整体较小，2022 年分别为

62.35万元和59.68万元,虽然增长速度也较快,但追赶东部集体经济村均规模的难度仍然较大,需要国家政策的重点支持。

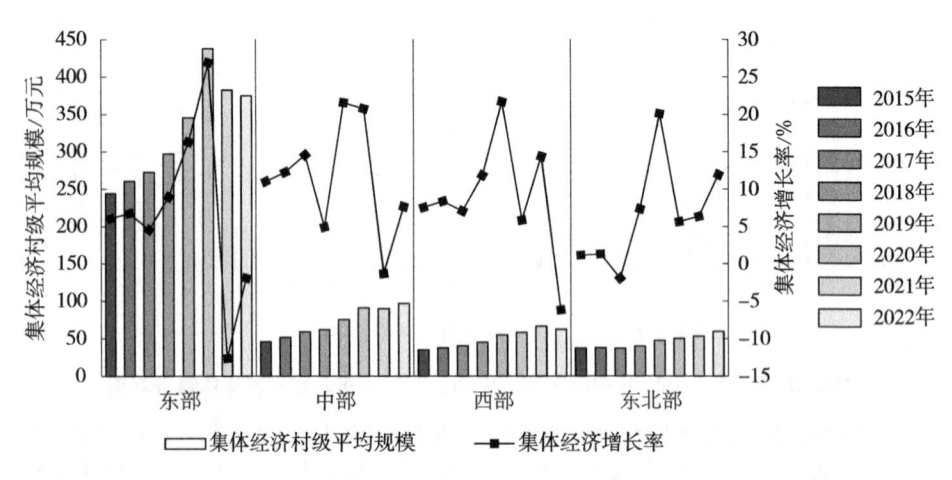

图2-4 2015—2022年中国东部、中部、西部和东北部农村集体经济的村级平均规模

资料来源:农业农村部农村合作经济指导司、农业农村部政策与改革司编《中国农村经营管理统计年报》(2015—2018年);农业农村部政策与改革司编《中国农村政策与改革统计年报》(2019—2022年)。笔者计算而得。

为进一步分析中国农村集体经济发展水平的空间特征,图2-5和图2-6分别展示了中国南方和北方的农村集体经济发展水平和变化趋势。总体特征与上述中国东部、中部、西部和东北部的区域差距态势较为一致,中国农村集体经济发展水平在南北方之间同样存在显著差距。从农村集体经济发展体量和增长速度来看,北方地区从2015年的100.14亿元增长至2022年的141.50亿元,年均增长率仅为5.06%,而南方地区则从2015年的173.17亿元增长至2022年的296.49亿元,年均增长率为7.98%,经济体量和增长速度均高于北方地区;从村级平均集体经济规模和增长速度来看,2022年北方地区村级平均农村集体经济规模为127.31万元,而南方地区则为214.60万元,村级平均农村集体经济规模是北方地区的1.69倍。综上所述,中国农村集体经济发展水平在南北方区域间同样存在显著差距,不仅体现在农村集体经济总量和农村集体经济发展速度方面(图2-5),也体现在村级平均农村集体经济发展质量方面(图2-6)。

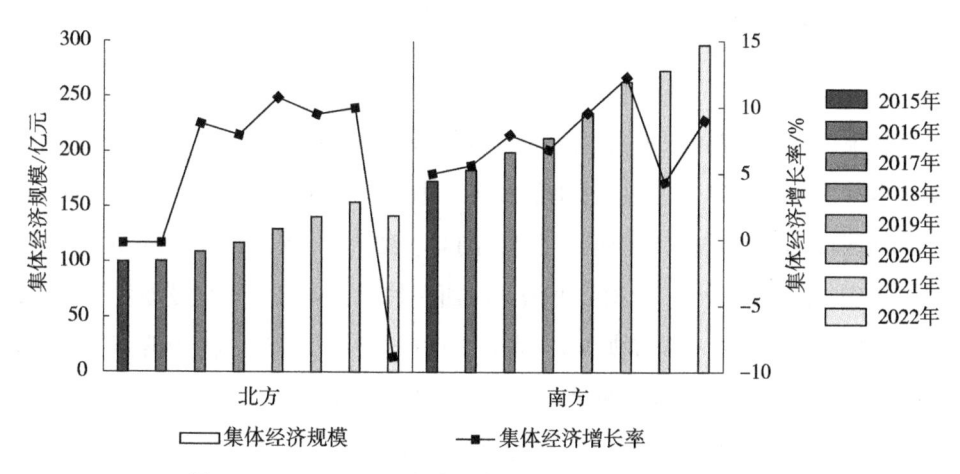

第二章 中国农村集体经济发展现状、时代价值与主要困境

图 2-5　2015—2022 年中国南方和北方农村集体经济规模

资料来源：农业农村部农村合作经济指导司、农业农村部政策与改革司编《中国农村经营管理统计年报》（2015—2018 年）；农业农村部政策与改革司编《中国农村政策与改革统计年报》（2019—2022 年）。笔者计算而得。

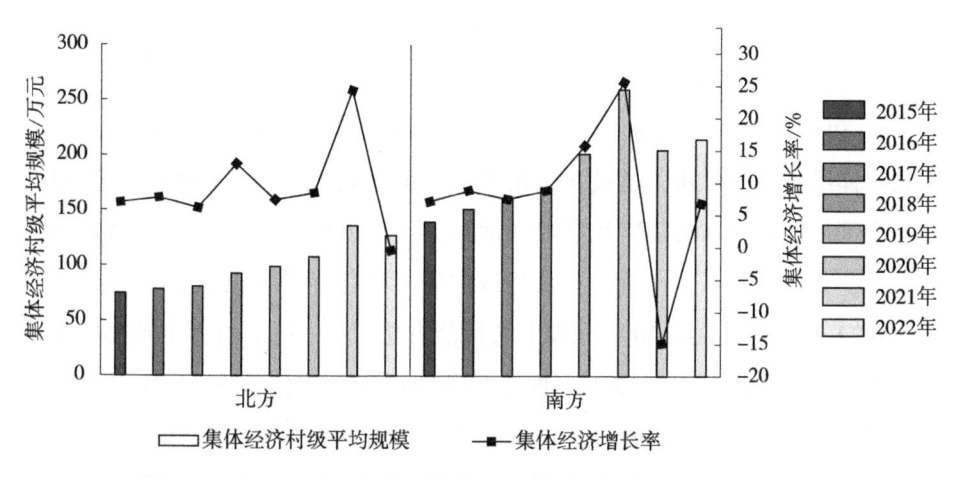

图 2-6　2015—2022 年中国南方和北方农村集体经济村级平均规模

资料来源：农业农村部农村合作经济指导司、农业农村部政策与改革司编《中国农村经营管理统计年报》（2015—2018 年）；农业农村部政策与改革司编《中国农村政策与改革统计年报》（2019—2022 年）。笔者计算而得。

2. 中国地区间农村集体经济发展村级结构差异

表2-2和表2-3分别列示了不同区域划分标准下的农村集体经济发展水平分布情况。其中，表2-2依据国家统计局划分标准，将中国内陆地区划分为东部地区（北京、天津、河北、上海、江苏、浙江、福建、山东、广东及海南）、中部地区（山西、安徽、江西、河南、湖北、湖南）、西部地区（内蒙古、广西、重庆、四川、贵州、云南、西藏、陕西、甘肃、青海、宁夏及新疆）和东北部地区（辽宁、吉林及黑龙江）；表2-3依据秦岭—淮河一线将内陆地区划分为南方地区（江苏、安徽、湖北、重庆、四川、西藏、云南、贵州、湖南、江西、广西、广东、福建、浙江、上海、海南）和北方地区（山东、河南、山西、陕西、甘肃、青海、河北、天津、北京、内蒙古、辽宁、吉林、黑龙江、宁夏、新疆）。

如表2-2所示，2015—2022年东部、中部、西部和东北部地区农村集体经济发展水平结构分布变化趋势与全国趋势一致，即无经营收益的农村比例呈下降趋势，有经营收益的农村比例呈现上升趋势，分别从2015年的57.25%、49.56%、37.85%和42.06%上升到2022年的63.95%、88.42%、76.26%和63.98%。具体而言，从发展基础和发展速度来看，初期东部地区农村集体经济最为活跃，超过50%的农村具有经营性收益，但随着时间的推移，中部地区成为农村集体经济最为活跃的地区，接近90%的农村具有经营性收益。但从发展水平来看，东部地区的农村集体经济发展水平仍然是最高的，2022年经营收益在10万元以上的村落占比超过65%，尤其是收益在100万元以上的村落占比超过20%，而中部和西部地区比例却均在5%以下。可见，从经营性收益视角来看，中西部和东北部地区农村经营性收益虽然发展速度较快，但与东部地区仍然存在差距，中国农村集体经济发展仍然存在较大的区域差距，需要进一步探索促进中西部和东北部地区农村经营性收益迈向高收益区间的发展策略。

表 2-2　中国分区域农村集体经济发展水平的结构分布（东部、中部、西部、东北部）

地区	年份	无经营收益农村比例	有经营收益农村比例	有经营收益农村的收益区间占比				
				0~5万元	5万~10万元	10万~50万元	50万~100万元	100万元以上
东部	2015	42.75%	57.25%	32.67%	15.27%	25.18%	8.96%	17.91%
	2016	42.44%	57.56%	31.33%	15.53%	25.43%	9.59%	18.12%
	2017	39.50%	60.50%	27.55%	15.50%	28.03%	9.76%	19.16%
	2018	34.29%	65.71%	26.86%	16.42%	28.09%	9.79%	18.83%
	2019	35.43%	64.57%	24.90%	16.45%	27.47%	10.10%	21.08%
	2020	33.37%	66.63%	22.86%	15.33%	31.19%	10.03%	20.59%
	2021	37.21%	62.79%	21.69%	13.37%	32.43%	10.33%	22.18%
	2022	36.05%	63.95%	21.75%	12.95%	33.66%	10.37%	21.28%
中部	2015	50.44%	49.56%	52.94%	24.22%	16.80%	3.44%	2.60%
	2016	45.81%	54.19%	52.00%	25.76%	16.40%	3.38%	2.45%
	2017	38.86%	61.14%	48.65%	29.59%	16.37%	3.17%	2.22%
	2018	33.10%	72.14%	40.85%	33.72%	20.35%	2.98%	2.11%
	2019	19.75%	80.25%	31.74%	33.42%	28.93%	3.67%	2.24%
	2020	13.43%	86.76%	22.29%	31.18%	39.18%	5.06%	2.29%
	2021	11.54%	88.46%	17.23%	29.80%	44.74%	5.89%	2.34%
	2022	11.58%	88.42%	13.60%	27.54%	46.87%	8.43%	3.56%
西部	2015	62.15%	37.85%	58.08%	19.87%	15.35%	3.38%	3.32%
	2016	59.33%	40.67%	59.17%	19.39%	15.30%	3.14%	2.99%
	2017	54.88%	45.12%	60.37%	19.61%	14.40%	2.94%	2.67%
	2018	40.77%	59.23%	60.64%	19.95%	14.49%	2.80%	2.13%
	2019	29.42%	70.58%	55.11%	25.05%	16.99%	2.61%	2.40%
	2020	24.79%	75.21%	38.41%	29.93%	25.30%	3.73%	2.63%
	2021	21.69%	78.31%	30.07%	33.23%	30.12%	3.96%	2.63%
	2022	23.74%	76.26%	26.18%	31.54%	34.85%	4.48%	2.94%

续表

地区	年份	无经营收益农村比例	有经营收益农村比例	有经营收益农村的收益区间占比			
				0~5万元	5万~10万元	10万~50万元	50万~100万元	100万元以上
东北部	2015	57.94%	42.06%	42.69%	23.65%	25.46%	4.29%	3.91%
	2016	58.72%	41.28%	42.32%	23.84%	25.36%	4.86%	3.62%
	2017	55.75%	44.25%	40.84%	25.84%	26.27%	4.05%	2.99%
	2018	48.02%	51.98%	37.26%	26.55%	28.71%	4.90%	2.58%
	2019	41.62%	58.38%	33.76%	24.79%	32.18%	5.93%	3.35%
	2020	31.87%	69.49%	22.89%	27.58%	38.87%	7.09%	3.56%
	2021	31.36%	68.64%	17.06%	29.68%	41.12%	8.35%	3.78%
	2022	36.02%	63.98%	18.16%	21.52%	44.62%	10.51%	5.19%

资料来源：农业农村部农村合作经济指导司、农业农村部政策与改革司编《中国农村经营管理统计年报》（2015—2018年）；农业农村部政策与改革司编《中国农村政策与改革统计年报》（2019—2022年）。笔者计算而得。

但从南北方区域划分来看，中国农村集体经济发展的区域差异同样存在。如表2-3所示，南方和北方有经营收益的农村比例分别从2015年的52.05%和42.12%，上升到2022年的79.12%和68.14%，南方农村集体经济发展水平仍然高于北方地区，有经营收益的农村比例差距并没有缩小的趋势。并且就发展水平而言，南方地区的农村集体经济发展水平也高于北方地区，尤其是2022年南方地区经营收益在100万元以上的农村占比为11.71%，远高于北方地区的6.83%。综合考虑表2-2和表2-3可知，中国农村集体经济发展仍然存在较大的区域差距，并且其发展差距不仅存在于东部、中部、西部和东北部之间，也存在于南方和北方之间。

表 2-3　中国农村集体经济中经营收益发展情况（南方和北方）

地区	年份	无经营收益农村比例	有经营收益农村比例	有经营收益农村的收益区间占比					
				0~5万元	5万~10万元	10万~50万元	50万~100万元	100万元以上
北方	2015	57.88%	42.12%	48.04%	20.52%	20.28%	4.83%	6.32%
	2016	57.62%	42.38%	48.24%	20.46%	20.16%	5.11%	6.03%
	2017	54.78%	45.22%	47.49%	21.43%	20.12%	4.87%	6.10%
	2018	44.74%	55.26%	46.24%	21.72%	21.22%	4.94%	5.88%
	2019	35.39%	64.61%	40.27%	24.82%	24.01%	4.99%	5.92%
	2020	29.25%	71.02%	29.68%	26.94%	31.36%	5.91%	6.10%
	2021	27.22%	72.78%	25.35%	27.65%	34.46%	6.17%	6.37%
	2022	31.86%	68.14%	24.95%	24.06%	37.21%	6.95%	6.83%
南方	2015	47.95%	52.05%	46.05%	18.65%	19.58%	5.85%	9.87%
	2016	44.25%	55.75%	45.30%	19.18%	19.65%	5.92%	9.95%
	2017	38.49%	61.51%	42.78%	20.29%	20.93%	5.88%	10.12%
	2018	30.86%	71.23%	39.93%	22.65%	22.01%	5.81%	9.59%
	2019	26.24%	73.76%	37.37%	22.98%	24.29%	6.08%	10.90%
	2020	23.04%	77.04%	27.92%	23.63%	31.05%	6.75%	10.65%
	2021	24.22%	75.78%	22.00%	24.10%	35.04%	7.41%	11.45%
	2022	20.88%	79.12%	17.89%	23.52%	38.31%	8.56%	11.71%

资料来源：农业农村部农村合作经济指导司、农业农村部政策与改革司编《中国农村经营管理统计年报》（2015—2018年）；农业农村部政策与改革司编《中国农村政策与改革统计年报》（2019—2022年）。笔者计算而得。

（三）各省份农村集体经济发展水平

在梳理历年全国农村集体经济水平的总体和区域现状的基础上，进一步对中国农村集体经济发展情况进行统计与分析。分析逻辑结构与上文一致，分别对省际农村集体经济规模、村级平均集体经济收入、有经营收益农村比重和经营收益低于10万元的农村占比进行具体分析。

1. 整体规模：省际农村集体经济规模

表2-4展示了2015—2022年中国31个省级行政区（港澳台地区除外）农村集体经济整体规模的发展态势。整体来看，全国农村集体经济发展呈现出明显的东部领先、中西部分化、东北部起伏、边疆薄弱的空间格局，同时省际间的集体经济总量差距较为显著。

表2-4 省际农村集体经济整体规模　　　　　单位：亿元

省份	2015年	2017年	2019年	2021年	2022年	均值	排名
北京	191.60	197.48	232.59	446.78	392.30	267.21	5
天津	70.46	79.95	89.00	57.14	53.40	76.81	18
河北	173.41	194.52	206.56	223.85	252.67	204.66	9
山西	94.50	111.11	157.10	183.78	236.45	147.41	12
内蒙古	23.67	31.05	49.87	57.76	57.76	42.70	25
辽宁	46.12	48.00	44.22	51.74	52.44	48.26	22
吉林	30.84	27.52	31.76	39.06	44.11	33.25	27
黑龙江	34.25	35.63	61.86	68.08	79.88	52.68	20
上海	119.57	141.59	148.09	146.37	149.52	148.36	11
江苏	380.53	412.33	463.11	536.99	547.90	459.54	4
浙江	362.42	423.47	562.92	706.43	753.56	536.91	3
安徽	91.86	105.14	134.38	162.82	163.72	127.56	14
福建	103.66	115.56	148.62	180.14	178.87	142.85	13
江西	70.34	79.95	93.15	135.28	135.28	97.80	17
山东	533.13	555.18	626.87	656.83	584.97	588.00	2
河南	152.47	190.81	223.18	266.43	261.25	214.35	8
湖北	184.84	193.92	236.05	269.84	268.39	230.20	7
湖南	144.12	196.72	264.99	315.16	322.38	241.25	6
广东	780.45	894.31	1144.04	1350.45	1419.69	1073.15	1
广西	27.73	32.27	35.80	43.28	49.58	36.48	26

续表

省份	2015年	2017年	2019年	2021年	2022年	均值	排名
海南	21.55	25.39	76.40	28.17	28.17	45.77	24
重庆	47.23	45.51	49.20	57.15	56.72	49.14	21
四川	100.72	116.70	130.38	140.34	143.53	123.25	15
贵州	30.92	67.98	74.89	132.39	76.88	72.29	19
云南	131.58	141.18	173.52	164.15	153.17	150.58	10
陕西	82.33	95.33	111.07	101.99	111.56	98.52	16
甘肃	23.67	23.83	32.24	45.14	32.91	31.98	28
青海	3.81	4.56	11.67	19.19	19.19	11.14	30
宁夏	8.16	10.33	13.05	18.50	21.41	13.78	29
新疆	33.60	31.06	51.38	74.33	58.25	46.86	23
西藏	—	—	5.47	5.47	5.47	5.47	31

资料来源：农业农村部农村合作经济指导司、农业农村部政策与改革司编《中国农村经营管理统计年报》（2015—2018年）；农业农村部政策与改革司编《中国农村政策与改革统计年报》（2019—2022年）。笔者计算而得。

从全国范围看，2022年广东省以1073.15亿元的年均规模位居全国首位，远超其他省份，充分体现了其作为沿海经济大省在农村产业基础、集体经济组织完善度及城乡融合机制方面的突出优势。其次为山东省（588.00亿元）、浙江省（536.91亿元）、江苏省（459.54亿元），表现出典型的"苏浙鲁"集体经济强省格局。这三省在报告期内不仅保持了集体经济规模的稳定增长，还在推进农村股份合作、村企联动和土地整合等机制创新方面起到了示范带动作用。相较之下，中西部地区整体集体经济规模较为有限，但亦存在一定发展潜力。其中，河南（214.35亿元）、湖北（230.20亿元）和湖南（241.25亿元）等省份在中部地区表现突出，反映出其在"强县促乡"、村级资源整合及农村基础设施投资上的政策红利初步释放。西部地区则呈现较大差距，四川（123.25亿元）和陕西（98.52亿元）具备一定集体经济基础，而甘肃（31.98亿元）、青海（11.14亿元）、宁夏（13.78亿元）和西藏（5.47亿元）等地整体规模明显偏小，显示出资源禀赋不足与农村治理能力不足的双重制约。东北部地区集体经济整体发展不及预期，尽管拥有较强的农业基础，但因城镇化冲击、村级组织空心化及产权不清等历史性问题，其整体发展相对滞后。2022年黑龙江、吉林和辽宁的集体经济规模分别为79.88亿元、44.11亿元和52.44亿元，均值排名分别为第20、27和22位，均处于全国中下游水平。

综上所述，中国省域农村集体经济发展在空间上呈现"东强中优、西部起步、东北波动、边疆薄弱"的结构特征。发展强省主要集中于东部沿海，表现出资源、制度与治理优势的协同效应；中部部分省份则在政策推动下快速增长；西部和东北部仍需通过机制创新、资源激活和组织重构推动集体经济提质增效。建议未来政策在持续推动强省高质量发展的同时，更应注重向中西部和东北部倾斜，以实现农村集体经济的区域协调发展。

2. 发展质量：省际村级集体经济平均收入

除农村集体经济总体体量外，地区间村级农村集体经济发展的平均水平更能体现地区间农村集体经济发展质量，表2-5列示了2015—2022年我国省际农村集体经济村级平均规模。从发展质量来看，上海的农村集体经济村级平均规模始终处于领先地位，均值高达899.36万元，2022年仍然达到894.82万元。这主要得益于上海高度发达的经济水平、完善的产业体系以及强大的资源集聚能力，其在农村集体资产运营、产业融合发展等方面具有先发优势，吸引大量资金和先进技术流入农村地区，有力推动了农村集体经济的壮大。北京、广东分别占据第2和第3的位置，省际农村集体经济村级平均规模均超过了500万元，作为政治中心和经济最发达的省份，北京和广东在政策扶持、资金投入、人才汇聚等方面都具有得天独厚的条件，农村集体产权制度改革推进顺利，农村产业与城市功能对接紧密，促进了农村集体经济规模的快速增长。

表 2-5 省际农村集体经济村级平均规模　　　　　　　　　　单位：万元

省份	2015 年	2017 年	2019 年	2021 年	2022 年	均值	排名
北京	483.60	500.58	589.72	1119.18	982.72	674.03	2
天津	190.13	215.86	245.46	157.67	146.90	209.97	7
河北	37.41	44.09	48.16	47.97	53.62	45.28	24
山西	33.65	40.10	61.05	70.36	105.02	57.39	18
内蒙古	20.93	27.78	44.43	51.69	51.69	38.11	26
辽宁	38.47	39.26	36.25	42.15	42.73	39.91	25
吉林	34.01	30.62	36.77	42.11	47.50	36.57	27
黑龙江	38.92	40.68	69.43	75.72	88.82	59.19	16
上海	719.00	865.48	917.54	875.97	894.82	899.36	1
江苏	225.44	241.85	265.06	315.99	322.24	268.61	5
浙江	123.15	145.97	241.58	304.26	323.66	214.98	6
安徽	57.73	66.27	84.40	100.97	103.59	80.04	13
福建	69.64	77.63	99.59	118.29	117.57	95.04	10
江西	43.52	50.10	53.06	79.37	79.37	58.45	17
山东	65.02	66.59	74.96	80.65	70.99	71.27	14
河南	33.60	41.48	50.05	54.46	53.48	46.05	23
湖北	71.02	76.99	97.61	113.37	115.51	94.20	11
湖南	36.39	79.69	106.09	120.32	123.00	92.55	12
广东	389.99	411.33	514.38	630.52	663.47	509.23	3
广西	19.15	24.62	25.42	30.37	33.69	26.05	30
海南	137.18	154.62	453.12	172.81	172.81	279.35	4
重庆	51.81	49.88	53.55	62.22	61.94	53.62	20
四川	21.72	24.69	29.77	48.57	49.02	33.33	28
贵州	24.27	46.72	50.41	84.66	46.75	47.90	22
云南	97.36	104.09	127.29	119.69	111.54	110.50	8
陕西	36.52	49.58	62.56	57.22	62.59	52.92	21
甘肃	15.42	14.79	19.98	28.12	20.61	20.19	31
青海	20.35	17.00	28.15	48.01	48.01	31.68	29

续表

省份	2015年	2017年	2019年	2021年	2022年	均值	排名
宁夏	35.93	45.42	57.75	82.65	95.67	61.02	15
新疆	39.57	39.80	58.84	83.23	65.53	54.35	19
西藏	—	—	101.18	101.18	101.18	101.18	9

资料来源：农业农村部农村合作经济指导司、农业农村部政策与改革司编《中国农村经营管理统计年报》（2015—2018年）；农业农村部政策与改革司编《中国农村政策与改革统计年报》（2019—2022年）。笔者计算而得。

而西部地区，如甘肃、青海、广西等省（区）的农村集体经济村级平均规模相对较小。例如，甘肃，均值仅为20.19万元，2022年为20.61万元。由于这些地区的地理区位欠佳、经济基础薄弱、资源禀赋有限，农村产业发展相对滞后，集体经济发展面临资金短缺、人才匮乏、市场对接困难等诸多挑战，因此其村级集体经济规模增长缓慢。总体而言，从发展质量方面来看，我国省级农村集体经济发展仍然存在明显的梯度差异，东部发达地区发展水平普遍高于中西部地区，需要后续制定差异化的农村集体经济扶植政策，从而推动农村集体经济高质量均衡发展。

3. 可持续发展能力：省际经营收益分布情况

经营收益能够反映农村集体经济发展的可持续增长能力，表2-6列示了2015—2022年我国省际经营收益分布状况。从有经营收益的农村比例来看，安徽、湖北、江苏等省份表现突出。其中，安徽2022年该比例高达98.58%，均值为89.38%，均值位居全国第一。这表明这些省份在农村经济发展模式探索、产业培育等方面卓有成效，农村集体经营活动广泛开展，集体资产运营效率较高。此外，山西、内蒙古、河南等省（区）在2015年该比例较低，如山西2015年仅为27.24%，反映出这些地区农村集体经济起步较晚，经营活动开展不够普遍。

表 2-6 省际经营收益分布变化情况

省份	有经营收益的农村比例				经营收益 10 万元以内的农村比例			
	2015 年	2022 年	均值	排名	2015 年	2022 年	均值	排名
北京	55.38%	56.11%	51.86%	23	20.15%	24.24%	21.91%	29
天津	52.02%	51.06%	50.43%	26	44.97%	38.04%	39.45%	26
河北	51.45%	80.35%	61.91%	14	77.41%	71.94%	76.66%	8
山西	27.24%	60.41%	51.44%	24	69.42%	43.57%	70.41%	13
内蒙古	26.02%	60.71%	41.86%	31	77.57%	56.26%	70.67%	12
辽宁	32.24%	60.00%	45.93%	29	65.57%	64.24%	66.60%	16
吉林	45.30%	65.08%	57.08%	20	70.89%	32.39%	63.58%	18
黑龙江	48.65%	66.86%	58.16%	19	62.56%	22.42%	49.28%	25
上海	51.95%	80.67%	70.45%	8	13.89%	11.13%	15.31%	31
江苏	82.63%	73.56%	77.81%	3	17.16%	12.58%	16.57%	30
浙江	50.61%	86.24%	68.92%	10	40.07%	11.53%	32.90%	28
安徽	66.81%	98.58%	89.38%	1	78.57%	10.20%	56.96%	21
福建	35.05%	44.10%	46.66%	28	60.48%	33.20%	50.93%	24
江西	55.21%	99.47%	76.62%	5	80.00%	30.45%	65.07%	17
山东	51.84%	79.27%	71.16%	7	72.63%	38.67%	62.63%	20
河南	26.81%	80.77%	44.22%	30	77.87%	62.82%	75.87%	9
湖北	68.26%	96.53%	82.86%	2	69.58%	28.23%	54.30%	22
湖南	53.06%	94.74%	77.64%	4	87.52%	71.57%	83.14%	3
广东	73.46%	47.97%	60.67%	16	60.95%	30.35%	33.59%	27
广西	41.00%	93.17%	69.07%	9	86.87%	63.72%	83.08%	4
海南	68.11%	40.12%	61.58%	15	71.78%	75.23%	72.54%	11
重庆	21.23%	90.67%	50.85%	25	65.48%	57.98%	80.17%	5
四川	27.42%	87.49%	51.93%	22	88.85%	83.56%	90.64%	1
贵州	38.08%	75.97%	63.12%	12	75.33%	47.47%	69.27%	14
云南	47.82%	77.54%	62.10%	13	73.88%	54.01%	75.80%	10
陕西	44.24%	100.00%	60.05%	18	82.18%	55.20%	78.12%	7
甘肃	31.87%	42.99%	64.24%	11	90.82%	76.65%	88.52%	2

续表

省份	有经营收益的农村比例				经营收益10万元以内的农村比例			
	2015年	2022年	均值	排名	2015年	2022年	均值	排名
青海	41.25%	76.30%	48.86%	27	87.32%	55.20%	78.38%	6
宁夏	23.46%	92.23%	60.11%	17	69.42%	39.10%	67.00%	15
新疆	73.98%	62.78%	75.66%	6	59.74%	40.61%	52.74%	23
西藏	—	55.27%	55.27%	21	—	62.88%	62.88%	19

资料来源：农业农村部农村合作经济指导司、农业农村部政策与改革司编《中国农村经营管理统计年报》（2015—2018年）；农业农村部政策与改革司编《中国农村政策与改革统计年报》（2019—2022年）。笔者计算而得。

就经营收益低于10万元的农村比例来看，中西部地区的四川、甘肃、湖南等省份均值较高，其中四川均值达90.64%，位居全国第一。表2-6的统计数据表明中西部地区省份农村集体经济中普遍收益水平比较低，其原因可能为产业附加值不高、产权制度改革较晚、市场拓展不足等。而东部沿海地区的上海、江苏、浙江等地经营收益低于10万元的农村比例比较低，尤其是上海地区均值仅为15.31%，表明东部沿海地区的农村集体经济可持续发展能力较强，在产业附加值、市场竞争能力等方面表现更为突出。综上所述，从可持续发展能力方面来看，我国省际农村集体经济发展仍然存在显著差异，需要因地制宜地制定农村集体经济发展策略，精准施策提升农村经营收益水平。

二、中国农村集体经济发展的收入结构分析

当前，中国集体经济收入主要包括：经营收入、发包及上交收入、投资收益、补助收入和其他收入。由于经营收入和投资收益能够很好地呈现农村集体经济的内生动力和资源配置能力，成为当前国家农村集体经济政策的重点支持对象。为更好地明晰中国农村集体经济发展的收入结构，本部分就中国农村集体经济收入结构的时序特征和区域空间差异进行详细分析，具体分析内容如下。

（一）中国农村集体经济收入结构的时序分析

图2-7展示了2015—2022年中国农村集体经济收入结构中经营收入、发包及上交收入、投资收益和补助收入的历年演变趋势。从整体来看，我国农村集体经济收入仍然以经营收入为主，从2015年的1425.82亿元，占比34.78%，稳步上升至2022年的2526.24亿元，占比37.64%，其次分别为补助收入、发包及上交收入和投资收益。其中，经营收入的绝对规模表明中国农村集体经济内生动力不断增强，但也需要注意到中国投资收益比重仍然较低（2022年占比仅为4.99%），表明中国农村集体经济发展中的资源配置能力和市场竞争能力仍然不足，需要财政补助收入和传统模式的发包及上交收入作为支撑。因此，农村集体经济发展依然需要警惕陷入"资源依赖陷阱"和"政策依赖陷阱"的风险。

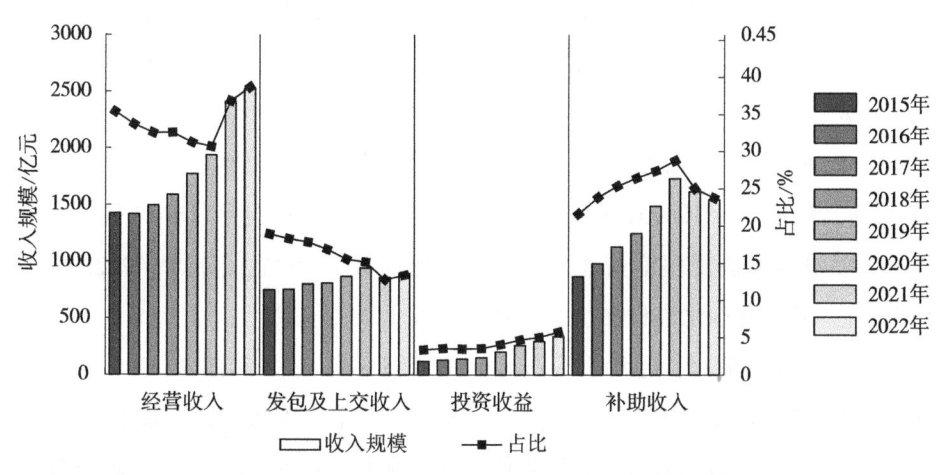

图2-7 2015—2022年中国农村集体经济结构演变趋势

资料来源：农业农村部农村合作经济指导司、农业农村部政策与改革司编《中国农村经营管理统计年报》（2015—2018年）；农业农村部政策与改革司编《中国农村政策与改革统计年报》（2019—2022年）。笔者计算而得。

(二) 中国农村集体经济收入结构的区域差异

表 2-7 呈现了 2015—2022 年中国东部、中部、西部和东北部农村集体经济结构的变化情况。从四大区域内部收入结构演变来看，四大区域在经营收入（代表市场化经营能力）和投资收益（反映资本运作水平）方面呈现差异化发展路径：

(1) 东部地区内生增长能力最强，经营收入占比从 2015 年的 40.24% 提升至 2022 年的 45.51%，规模增长 80.2%，表明其集体经济具备较强的产业经营能力。同时，投资收益占比从 2015 年的 3.32% 增至 2022 年的 5.76%，增速较快（规模增长 176.65%），反映了资本化运作水平的提升。

(2) 中部地区：呈现"补助依赖+经营弱化"特征，补助收入占比大幅上升（从 28.73% 增长至 41.89%），而经营收入占比下降 4.4 个百分点，尽管绝对规模增长 57.80%，但增速低于补助收入（174.03%）。另外，虽然投资收益规模增长 95.00%，但占比仍然较低（2022 年仅 2.53%），表明内生增长动能不足。

(3) 西部地区：经营收入占比从 2015 年的 18.75% 增至 2022 年的 25.45%，规模增长 106.51%，但绝对规模仍较小，2022 年仅 18.07 亿元。另外，虽然投资收益规模增长 370.11%，占比提升 3.89 个百分点（2022 年为 5.75%），显示资本化进程加快，但整体仍处于较低水平。

(4) 东北部地区：经营收入占比大幅萎缩，由 2015 年的 22.89% 降低到 2022 年的 11.29%，规模下降 21.79%，而发包及上交收入占比增长 12.1 个百分点（2022 年为 41.80%），表明集体经济仍依赖传统承包模式，市场化经营能力退化。投资收益占比虽从 2015 年的 1.75% 上升到 2022 年的 2.15%，但资本化程度仍较低。

从四大区域间的收入结构差异来看，中国农村集体经济内生能力的区域差异呈现出显著的时空异质性特征。如表 2-7 所示，2022 年东部、中部、西部和东北部地区经营收入分别为 198.47 亿元、53.32 亿元、18.07 亿元和 6.64 亿元，绝对规模呈现"东部>中部>西部>东北部"的梯度分布，并且东部占比（45.51%）远超其他地区（中部23.06%、西部25.45%、东北部11.29%）。此外，农村集体经济收入中的投资收益的区域分化更为明显：2022年东部地区平均投资收益为25.12亿元，占比为5.76%，收益规模远高于中部（5.85亿元，占比2.53%）、西部（4.09亿元，占比5.75%）和东北部（1.27亿元，占比2.15%）。但值得注意的是，西部地区农村集体经济收入中的投资收益占比（5.75%）虽然已接近东部（5.76%），但绝对规模仅为东部的16.28%，表明其资本化进程虽快，但整体实力仍弱。

综上所述，中国农村集体经济内生能力的区域差异呈现出显著的时空异质性特征，具体而言：东部地区"经营收入+投资收益"的内生增长模式明显；中部地区依赖财政补助，存在陷入"政策依赖陷阱"的风险；西部地区投资收益增速显著，但基础薄弱；东北部地区市场化能力退化，以传统承包模式为主，资源依赖风险显著。

表2-7 中国东部、中部、西部和东北部农村集体经济结构

地区	类型	2015年 规模（亿元）	2015年 比例	2019年 规模（亿元）	2019年 比例	2022年 规模（亿元）	2022年 比例
东部	补助收入	45.05	16.46%	73.45	19.86%	71.88	16.48%
东部	发包及上交收入	58.14	21.63%	65.22	17.63%	58.51	13.42%
东部	经营收入	110.14	40.24%	139.96	37.85%	198.47	45.51%
东部	投资收益	9.08	3.32%	15.81	4.27%	25.12	5.76%
中部	补助收入	35.35	28.73%	74.71	40.43%	96.87	41.89%
中部	发包及上交收入	12.30	10.00%	15.40	8.33%	20.31	8.78%
中部	经营收入	33.79	27.46%	35.62	19.28%	53.32	23.06%
中部	投资收益	3.00	2.43%	3.52	1.91%	5.85	2.53%
西部	补助收入	15.79	33.82%	24.03	36.06%	18.26	25.72%
西部	发包及上交收入	5.40	11.58%	8.28	12.31%	10.64	14.99%
西部	经营收入	8.75	18.75%	13.14	19.53%	18.07	25.45%
西部	投资收益	0.87	1.86%	1.79	2.68%	4.09	5.75%

续表

地区	类型	2015年 规模（亿元）	2015年 比例	2019年 规模（亿元）	2019年 比例	2022年 规模（亿元）	2022年 比例
东北部	补助收入	10.16	27.39%	13.82	30.08%	14.45	24.57%
	发包及上交收入	11.01	29.70%	15.00	32.65%	24.58	41.80%
	经营收入	8.49	22.89%	5.13	11.17%	6.64	11.29%
	投资收益	0.65	1.75%	0.60	1.31%	1.27	2.15%

资料来源：农业农村部农村合作经济指导司、农业农村部政策与改革司编《中国农村经营管理统计年报》（2015—2018年）；农业农村部政策与改革司编《中国农村政策与改革统计年报》（2019—2022年）。笔者计算而得。

第二节 新时代中国农村集体经济发展的时代价值

一、巩固拓展脱贫攻坚成果的稳定器

农村集体经济在脱贫攻坚与乡村振兴有效衔接中发挥着制度性保障作用。从马克思主义政治经济学视角分析，集体经济通过重构生产关系释放生产力潜能，将分散的小农经济纳入社会化生产体系，形成了"风险共担、利益共享"的治理结构。这种制度设计有效破解了传统扶贫模式中"输血式"救济的不可持续性。例如，通过土地入股、资产收益等市场化手段，脱贫人口获得稳定的财产性收入与经营性分红。

在治理效能层面，集体经济组织承担着农村公共服务供给的主体责任。为确保村级集体经济收益由全体村民共享，集体经济收入的30%用于村内公益事业和村级集体经济发展，通过教育支持、医疗保障、基础设施维护等系统性投入，阻断贫困代际传递。从社会资本理论视角看，集体经济通过整合财政资金、社会捐赠与集体积累，形成"三次分配"协同机制。这种协同机制既弥补了政府公共服务的覆盖盲区,又规避了市场逐利性导致的资源错配。这种"集体主导型"治理模式,实质是社会主义制度优越性在基层治理中的具象化体现,为巩固脱贫成果提供了制度性保障。

二、实现共同富裕的制度保障

推进共同富裕,最艰巨的任务在农村。农村集体经济发展的好坏直接关系到农村农民能否实现共同富裕。农村集体经济能够通过提升人力资本、优化利益分配机制,带动农民收入增长、实现共同富裕。其主要原因在于:首先,发展集体经济可以吸引农民返乡。返乡农民不仅能够带来物质资本,还能带来新技术和就业理念,有效提升当地劳动力的技能和生产效率,从而增加农民收入。其次,集体经济增长背景下的产业发展为农民创造了更多的就业机会,提高了农民的收入水平。最后,发展集体经济使集体组织能够获得更多的利润,其中一部分利润以分红的形式再分配给农民,增加了农民的转移性收入,进一步提高了农民的整体收入。

发展农村集体经济可以通过提升村庄的人力资本来促进农民收入增长。随着农村集体经济的不断发展和基础设施的改善,越来越多的农民工选择返乡就业[108]。在集体经济较为发达的地区,集体经济组织通常能够为返乡劳动力提供更多的就业机会和更具吸引力的收入水平。农民工返乡显著提升了农村地区的人力资本。这些农民工不仅带回了资本,还带回了他们在其他地方积累的技术、管理经验和现代生产方式,为当地产业和经济增长注入了新的活力[109]。同时,返乡农民工的人力资本具有扩张效应,有效提升了当地居民的人力资本水平[110]。例如,返乡农民工可能参与乡村旅游、特色农业、电子商务等当地新兴产业,这些产业需要高技能劳动力,能够更好地促进农村经济多元化、高质量发展。此外,当地工人还可以从返乡农民工身上学习新的工作技能和就业理念,进一步提升村庄的人力资本。最终,通过这种机制,农村集体经济不仅为农民提供了更好的增收机会,也提升了农村劳动力的整体素质和劳动生产率,进一步促进了农村经济增长和共同富裕。

良好的利益分配机制,能够在实现全体农民收入稳定增长的同时,有效保障农民的合理权益。习近平总书记强调，共同富裕是全体人民的物质和精神共同富裕，而不是少数人的富裕或一刀切的平均主义。党的十九届五中全会以来，党中央明确了实现共同富裕目标的基本思路和政策取向。努力做大国民收入的"蛋糕"是前提，科学分配"蛋糕"是关键[111]。因此，必须完善利益联结机制，最大限度地调动农民的积极性。股权配置和股份合作是重要的利益分配方式，通过股份分红，将集体资产和集体经营收益量化到个人手中，明确集体成员与集体之间的所有权关系。集体利益的社会凝聚力使村民自发地重视和支持村庄发展。集体经济能够通过改善利益分配机制、提高农民的参与度和利益共享水平，使农民真正成为产业共同体的主体，从而实现农民的共同富裕[112]。

三、推进特色农业现代化的核心引擎

产业兴旺是乡村振兴的基石，是农村农民共同富裕的动力源泉和物质基础。我国尚未形成现代乡村产业体系。从产业发展来看，农业生产的机械化、专业化、市场化、规模化程度越来越高，农业生产对资本投入的依赖程度越来越深，传统小农户农业生产的弊端日益凸显，需要农村集体经济组织承担更多的生产经营职能。集体经济提供的多样化社会服务，如托管、订单农业、购买农业社会化服务等信用农业经营方式，成为实现小农户与现代农业有机衔接的有效途径。

此外，农村集体经济还为农业现代化提供了组织化载体与制度创新空间。根据舒尔茨改造传统农业理论，集体经济通过规模化经营破解了土地细碎化困境。农村集体经济通过整合分散资源、引入现代要素，形成"生产—加工—销售"全产业链闭环。在科技创新维度，集体经济组织搭建的数字化服务平台，使物联网、区块链等技术不断推动传统农业向智慧农业转型。

四、巩固和增强党在农村执政基础与执政地位的重要支撑

农村集体经济是党领导乡村治理的物质基础与政治保障。经济基础决定上层建筑，农村集体经济通过重构乡村利益格局，使基层党组织获得了资源

配置权与群众动员能力。2024年修订的《中华人民共和国农村集体经济组织法》明确规定，"基层党组织负责人依法兼任集体经济组织理事长"，将党的政治优势转化为发展效能，这种"党政经一体化"的治理模式，实质是党的领导制度优势在基层的创造性转化。

从政治社会学视角分析，集体经济通过利益联结强化了党与农民的血肉联系。农村集体经济通过将村集体利益和村民利益有效连接，能够有效增强农村基层党组织的基层治理效果和农村群众对基层党组织的政治认同。此外，在风险防范维度，集体经济通过提供就业岗位、完善社会保障，使农村群体性事件发生率不断下降，为维护社会稳定构筑了经济防线。

第三节 新时代中国农村集体经济发展面临的主要问题

一、信息不对称与销售渠道受限

信息不对称与销售渠道受限是当前中国农村集体经济发展中亟待解决的突出问题。农户与市场之间的信息鸿沟不仅削弱了农产品的市场竞争力，还加剧了产销失衡风险。以2018年安徽省淮北市烈山区榴园村为例，该村曾因石榴滞销陷入困境，尽管地方政府通过农超对接和媒体宣传暂时缓解了危机，但根本症结仍在于传统销售渠道过度依赖批发商，导致农户议价权丧失且市场信息滞后。数据显示，2023年全国农村电商交易规模虽突破2.5万亿元，但农产品上行比例不足30%，这反映出流通环节冗长、信息传递低效的结构性矛盾。

从信息传导机制看，农村地区普遍存在"双重割裂"现象。一方面，农户对市场需求量、价格波动、消费者偏好等关键信息获取能力薄弱（柳志娣、张骁，2024)[113]。重庆秀山土家族苗族自治县的调研表明，仅有24%的农户能通过互联网实时追踪市场动态，多数人仍依赖传统中间商提供碎片化信息，导致生产计划与市场脱节。另一方面，电商运营技能匮乏进一步加剧了信息壁垒。由于部分农村电商从业者缺乏产品包装、品牌营销等专业知识，使优质农产品难以突破同质化竞争（仲春、王政宇，2022）[114]。这种信息不对称还衍生出逆向选择问题：部分商家利用农户信息弱势实施压价收购，而消费者因难以辨识产品品质导致市场信任度下降。

在销售渠道层面，物流基础设施薄弱与产业链整合不足形成了叠加效应（Zheng，2021）[115]。以江苏省为例，淘菜菜平台通过直采直销模式将常州雪堰镇滞销葡萄48小时内送达省内8市，但该模式依赖前置仓和冷链物流的高密度覆盖，目前仅在东部发达地区具备推广条件。此外，农产品加工环节的附加值开发不足，使得销售渠道难以向高利润市场延伸。

二、人才存在短板

人才匮乏问题已经成为农村集体经济高质量发展的重要制约因素。农村集体经济发展过程中不仅依赖土地、资本等传统要素，更依赖具备现代管理理念和市场意识的人才队伍。然而，长期以来，农村地区在人才引进、人才培养和人才激励机制等方面普遍存在结构性短板，导致集体经济组织面临"有项目无人管、有资源无运营、有机制无人用"的现实困境。

当前，我国农村集体经济发展中人才的缺失具体表现为两方面：一方面是数量上的匮乏，尤其是在中西部偏远地区和资源匮乏型村庄，能够胜任集体资产管理、项目运营、市场对接的专业化人才极为稀缺；另一方面是人才质量上的不足，现有管理人员普遍缺乏系统的财务管理知识、法律意识以及现代企业管理能力，导致集体经济项目运行效率低下、风险防控能力薄弱。此外，随着农村青壮年劳动力持续向城市迁移，农村青壮年劳动力"空心化"矛盾愈发严重（杨素雯、齐鹏，2025）[116]，导致农村缺乏文化素养和组织能力较强的"两委"干部，使农村基层组织在发展集体经济方面力不从心。

值得注意的是，即便部分地区通过引进大学生村官、鼓励返乡创业等方式尝试缓解农村地区人才困境问题，但由于存在政策配套机制不完善、人才晋升不明确、发展空间受限、人才激励政策不足等问题，因此农村人才引进仍广泛存在"引得来、留不住、用不好"现象。并且在引进人才工作实践中，许多引进人才因不熟悉村情、缺乏社会网络，难以迅速融入本地治理体系，也难以在短期内掌控复杂的集体经济运作运行模式，最终使人才流失现象频发，农村集体经济发展受阻。此外，从人才流失的原因来看，农村人才短缺的问题不仅是因为城乡发展导致的"人才虹吸效应"，还与现有农村集体经济组织缺乏对人才的系统培养机制密切相关。一些研究指出，当前多数村级集体经济组织缺乏完善的人才梯队建设与职业发展通道，尚未建立起科学有效的绩效评估和激励机制（陈雪，2025）[117]，严重抑制了农村人才发展集体经济的积极性。

三、组织制度需要优化

乡村振兴战略不断推进背景下，农村集体经济组织制度建设滞后于经济实践发展的现实需求，突出表现在治理结构不清晰、治理机制不健全及组织治理水平低下等方面。而制度供给的质量与效率，直接关系到农村集体经济组织能力、资源整合能力和市场应对能力，会直接影响农村集体经济组织的经营绩效与发展水平，亟须在组织制度层面进行系统优化。

首先，村庄基层组织结构的混乱严重制约集体经济组织的正常运行和集体经济的顺利发展。在多数农村地区，村党组织与村委会之间的权责界限不清晰，集体经济组织往往游离于两者之间，以"夹缝中的存在"受到双重领导，导致集体经济经营过程中的事务决策与执行缺乏明确的责任主体。此外，由于基层组织内部相互掣肘、责任推诿等现象频发（杨艳文，2021）[118]，因此集体经济项目进展推进迟缓，关键事项无法高效决策，严重影响了农村集体经济的经营绩效和顺利发展。虽然部分地区在形式上建立了"独立"的合作社或股份合作制形式的集体经济组织，但在实际运行中仍然没有独立于传统的村级管理体系，缺乏独立的治理主体和清晰的管理结构。

其次，产权制度不健全也是制约集体经济组织效率的重要因素（魏广成、孔祥智，2024）[119]。虽然产权制度改革不断推进，但在集体经济发展过程中，仍然存在众多集体资产账实不符、权责不明、集体收益分配机制不够透明等问题，导致部分村民对集体经济发展缺乏参与感和积极性，甚至在农村集体经济发展过程中出现利益博弈和信任危机的现实困境。产权制度不健全不仅导致集体经济组织内部利益争执不断，也使集体经济组织发展缺乏明确的资产运营边界和长远规划，从而影响农村集体经济的长期经营绩效。

最后，农村集体经济组织更为深层次的问题在于组织治理水平偏低，严重影响了农村集体经济的经营绩效。具体而言：一是大部分农村集体经济组织治理机制尚未实现制度化运作，存在决策规则缺失、执行程序随意、监督制度软化等组织运行问题，导致组织运行效率取决于少数村干部的个人能力与意愿；二是在实际集体经济事务决策过程中，由于缺乏民主决策制度，村民难以参与到集体经济事务决策中，存在"少数人决策、多数人被动接受"的治理困境；三是部分集体经济组织缺乏财务公开、项目评估与内部审计机制，集体经济组织运行的合法性和规范性难以得到保障，甚至导致部分村庄存在集体资产被侵占的恶劣问题（福建省晋江市农业农村局，2021）[120]；四是对于资源基础薄弱、区位条件偏劣、产业发展受限的资源匮乏型村庄，由于传统依赖自然资源或地理优势推动集体经济发展的路径不可复制，迫切需要从内部组织机制与治理结构出发寻找新的增长点，亟须优化集体经济组织治理模式，提升自身的组织治理水平。

第三章
数字技术能促进农村集体经济发展吗?
——基于电子商务视角

电子商务能否助力农村集体经济产业发展?本章基于翔实的村级与规模经营农户微观数据,实证检验电子商务对农村集体经济发展的影响、制约因素和作用机制。研究发现:电子商务能够显著地促进农村集体经济发展,其作用在全国层面具有普遍性。稳健性和内生性检验验证了上述结论的稳健性。调节效应和机制检验结果表明,电子商务不仅能直接通过拓宽销售渠道、营造品牌促进农村集体经济发展,还能通过吸引劳动力回流等方式加强地区人力资本强度,间接推动农村集体经济发展,但其影响受到村庄干部素质能力的调节。研究结论对于完善乡村电子商务政策、推进农村集体经济发展和促进产业振兴具有重要意义。

第一节 引 言

因地制宜发展多样性集体经济是实现脱贫的根本之策,是乡村振兴的基础。随着自媒体和网络购物平台等相关技术的发展,电子商务已成为推动中国经济增长的新引擎（Li et al.，2019）[121]，尤其对中国农村地区产生了重要影响。其被认为具有通过向农村地区开放市场并增加农村居民收入来缩小城乡差距的潜力（Qi et al.，2019）[122]，也得到中央政府的大力支持与推动。《乡村振兴战略规划（2018—2022 年）》明确指出深入电子商务进农村综合示范，加快建立健全适应农产品电商发展的标准体系，以此来推动和强化农村产业发展。那么，电子商务能够推动农村集体经济发展，实现产业兴旺等战略目标吗？当前除了些许"淘宝村"产业发展的成功案例，几乎没有可用的实证经验证据表明电子商务在农村集体经济发展中的普遍作用。因此，基于全国层面的村级微观数据，分析电子商务在农村集体经济产业发展中的作用，对当前电商推进和乡村产业振兴的政策制定、实施具有重要政策含义。

研究电子商务与农村集体经济发展具有重要的政策意义，目前关于农村电子商务的研究却主要集中于电子商务对农民收入效应（Zanello et al.，2014；Couture et al.，2021；林海英等，2020；唐跃桓等，2020；李宏兵等，2021）[123-127]、扶贫效应（唐红涛等，2020；李连梦等，2020）[128-129]、推进路径（葛静茹等，2019；马晓河等，2020；梅燕等，2020）[130-132]，并且其研究结果仍存在争议。理论上，电子商务能够提升农民的议价能力（许竹青等，2013）[133]，开拓销售市场（邱泽奇等，2016）[134]，推动创业（梁强等，2016）[135]从而提高农民收入，促进农村经济发展（鲁钊阳等，2016；李琪等，2019）[136-137]，但 Aker 和 Fafchamps（2015）等研究发现电子商务的实际效果被高估[138]，电子商务不仅不能提高农产品交易效率，而且在偏远地区，物流成本效率低下会进一步加剧农户经营负担，其效率甚至低于传统的线下批发市场（Zhang et al.，2024）[139]。同时，由于电子商务存在虚假信息、逆向选择和缺失信息共享机制（徐娇、袁鹏举，2024）[140]，不仅难以减少农户市场信息不对称（Tadesse et al.，2015）[141]，还会加剧农产品价格下降，压榨生产者剩余（Nakayama，2009）[142]。

此外，关于电子商务与农村集体经济发展的研究相对较少，现有研究主要集中在对淘宝村的案例分析与实证研究（张佳等，2020；曾亿武等，2020）[143-144]。从淘宝村的分布区域来看，沿海六省（浙江、广东、江苏、山东、河北、福建)占比超过95%,其案例经验能否适用全国尚未有明确证据。从淘宝村的产业分布来看,2014—2019年全国淘宝村销售额最高的十类产品中并未出现过农产品①,农贸类淘宝村比例较低。但从乡村产业振兴的实际情况来看,因地制宜、突出特色,做强现代种养业,做精乡土集体经济,仍然是乡村产业振兴的重要路径(《国务院关于促进乡村产业振兴的指导意见》,国发〔2019〕12号)。当前,淘宝村仍以工贸类和纯贸易类为主,其相关研究的经验证据也难以有效发挥电子商务在乡村产业振兴中的普遍作用。

综上所述,电子商务能否推动农村集体经济发展,其作用是否适用于全国,现有研究尚无法给出直接的经验证据。因此,本书基于全国层面的村级微观数据,实证检验电子商务对农村集体经济发展的影响及空间异质性作用,并分析其内部影响机制和村干部素质能力的调节作用,以期为振兴农村集体经济产业和电子商务推广的政策制定与实施提供经验证据。研究发现:电子商务能够显著地促进农村集体经济发展,其作用在全国层面具有普遍性,但受到地区物流产业效率的外部制约。并且,电子商务不仅能直接通过拓宽销售渠道、营造品牌促进农村产业发展,还能通过吸引劳动力回流、提高土地经营规模和农业投资方式间接推动农村集体经济产业发展。研究结论对乡村电子商务发展和乡村振兴具有重要的政策意义。

除上述政策含义外,本书的边际贡献有如下两个方面:(1)首次基于全国层面的村级微观数据,直接探讨了电子商务对农村集体经济发展的影响,并通过倾向得分匹配和工具变量法,有效克服了内生性问题,建立了两者的因果关系。(2)通过探讨电子商务发展外部制约因素和影响机制,发现地区物流产业效率和人力资本强度在电子商务发展中的外部制约因素和中介效应,这不仅拓展了现有关于电子商务经济效应的相关文献,也为相关政策的制定与实施提供了重要参考。

---

① 2014—2019年,服装、家具、鞋三类产品始终稳居淘宝村产品销售前三位,2019年其他产品分别是家电、餐具、灯具、五金工具、玩具、箱包皮具和家装主材。

第二节 理论分析

电子商务以其智能互联功能，在激发乡村发展内生动力（唐红涛等，2018）[145]和推动集体经济产业发展中发挥着重要作用，其作用路径可分解为两个维度：一是电子商务的营销能力提升效应；二是电子商务的经济正外部性。

（一）电子商务的营销能力提升效应

由于乡村交通、物流等基础条件薄弱，信息技术滞后，市场封闭，以特色农产品为代表的产品往往存在明显的销售困难、产品溢价较低、难以形成自身有效的产品品牌等问题。而电子商务作为新兴的交易途径，能从三个方面提升农村集体经济产业的发展：其一，电商能够帮助特色农产品在市场销售端产生"前驱"动力，通过提供更为广阔的市场供求信息，生产经营者可以触达、吸引更大市场半径的消费者，实现产销对接，延伸产业链网络（涂冬山等，2011；易莹莹等，2025；余东华等，2024）[146-148]，拓展集体经济产品的销售市场（Das，2014）[149]；其二，电子商务能够显著降低农户的市场信息搜索成本与市场交易费用，改变其"集体经济产品的价格接受者"地位（Kabbiri et al.，2018）[150]，提升特色农产品的议价能力，缓解乡村与农户的信息不对称问题（黄逾白，2021；李鲁等，2023）[151-152]；其三，以内容平台为载体，通过短视频、直播等方式多维度展现农产品生产加工流通全过程，能够帮助消费者打破时空限制，充分体会到农产品背后的生态环境以及风土人情，有效树立起农产品品牌形象（严敏等，2021；杨烁等，2025）[153-154]。

总之，电子商务能够通过拓宽特色农产品销售渠道、减少特色农产品销售中信息不对称、提升议价能力、打造农村集体经济产业品牌等途径，提升农村集体经济产品的营销能力，助力农村集体经济产业发展和乡村产业振兴。

（二）电子商务的经济正外部性

除销售问题外，农村集体经济产业发展中同样存在其他因素的制约，包括资金约束、土地限制与青壮年劳动力流失。而电子商务的采用除以上直接作用外，同样能够产生经济的正外部性，缓解集体经济发展中的资金约束、土地限制与人力不足等问题。而电子商务推动农村集体经济发展的间接作用机制尚未得到现有文献的普遍关注。

首先，电子商务的采用可以促进农业劳动力配置的优化。一方面，其能够增加特色农产品的销量和利润率，从而增加农户的预期收益（Li et al.，2021）[155]、提升农户对集体经济的关注程度与参与意愿（Fei et al.，2021）[156]。这促使农户重新配置家庭劳动力结构，使在农业经营中具有比较优势的农户增加劳动力投入，从而优化家庭劳动力配置（Cooney et al.，2010）[157]。另一方面，电子商务的采用能够吸引外来人口进入集体经济和乡村就业，从而缓解集体经济发展中的人力不足问题。此外，唐红涛等（2018）的研究发现，电子商务能够通过提升现有劳动力的人力资本和吸引外出劳动力回流两种路径提升本地的人力资本强度[145]。作为集体经济的核心要素，人力资本的提升能够有效促进农村集体经济产业的开发能力、市场创新能力（王金杰等，2019）[158]。

其次，电子商务的采用能够提高农户对集体经济预期收益（Wang et al.，2024）[159]，会推动具有农业经营比较优势的农户积极进行土地流转，实现土地资源配置的帕累托改进，增加集体经济经营规模。此外，电子商务的采用能够通过降低农户信息的滞后性和信息约束，鼓励农户按需生产和调整自身的种植结构，实现集体经济的专业化生产（Qiu et al.，2018）[160]。

最后，电子商务能够通过增加集体经济种植业的收入（Mundlak et al.，2012）[161]，增强农户的投资意愿与投资能力，鼓励农户增加对农业机械、有机肥等的农业投资（Zhang et al.，2023）[162]。同时，电子商务可以通过劳动力和经营规模扩大的资源联动机制鼓励农户投资（Su et al.，2025）[163]。此外，电子商务的改进，还能够克服乡村地区物流、信息等产业发展困难，降低农村投资的边际成本,在一定程度上吸引社会资本进入农村市场(Wen et al.,2020)[164],从而从外部缓解集体经济的资金约束。至此,提出待检验的假设 H1:

H1:电子商务的采用能够通过直接和间接的方式推动农村集体经济产业的发展。

上述理论分析表明,电子商务能够推动农村集体经济的发展,但鲜有研究关注村干部素质能力在这一过程中的调节作用。事实上,电子商务能否促进农村集体经济的发展,关键在于现任村干部的素质。在农村经济发展中,基层管理主体在农村经济发展方式、政策实施和公共服务中发挥着关键作用(张洪振等,2020)[165],决定了村庄经济的发展方向和经济效率。因此,村干部素质能力与村庄销售模式选取和电子商务平台利用率息息相关。随着村干部素质能力的提升,村庄特色农产品会更加注重多元化销售形式,重视电子商务平台的销售作用,提高村庄对电子商务渠道的重视度和利用率,进而助力电子商务对农村集体经济发展的促进作用。至此,提出待检验的假设 H2:

H2:村干部素质能力在电子商务驱动农村集体经济产业发展中发挥重要的调节作用。

第三节 数据、变量与模型设计

一、数据来源

本书使用的数据源于 2016 年进行的第三次全国农业普查中行政村和规模

第三章 数字技术能促进农村集体经济发展吗？——基于电子商务视角

农业经营户数据。农业普查自1997年以来历经三次，该项目旨在全面了解"三农"发展变化情况，为农业生产经营者和社会公众提供统计信息服务，为制定农村经济社会发展规划和新农村建设政策提供决策依据。2016年12月在国务院和地方政府的指导下，普查小组采取全面调查的方法，由普查人员直接到户、到单位访问登记，全面收集农村、农业和农民的有关信息，其普查对象主要包括普通农户、规模农业经营户、农业经营单位、行政村以及乡镇行政区。

为分析电子商务采用对农村集体经济发展的影响，本书采用行政村普查数据。行政村普查问卷主要包括行政村的基本信息模块、人口信息模块、社会保障模块、基本社会服务信息模块、土地经营及流转模块、农村产业信息模块、村集体经济组织财务信息模块以及村干部信息模块。行政村样本地区分布如图3-1所示。

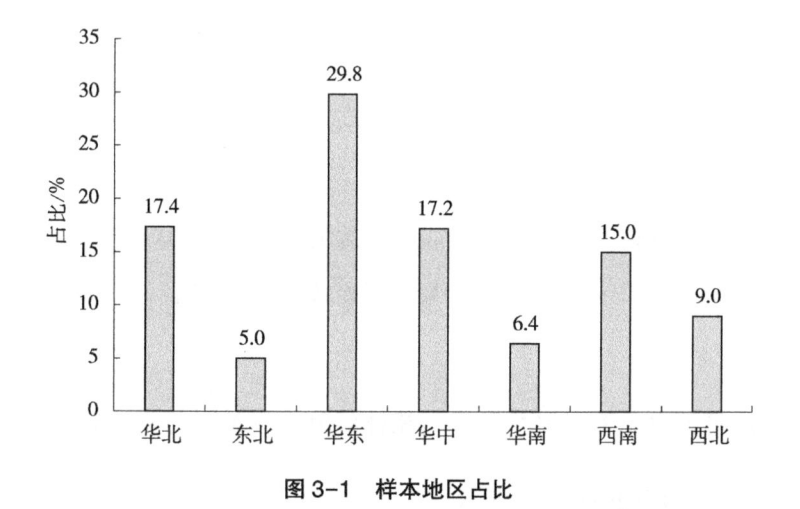

图3-1 样本地区占比

资料来源：第三次全国农业普查微观数据——行政村普查数据。笔者计算而得。

样本数量分布较为均衡，除华南地区外，样本数量分布与地区的人口规模分布较为契合，样本组村落具有较好的代表性。另外，2017年中国工信部指出目前行政村宽带普及率已超过96%，贫困村宽带的覆盖率达到86%。样本组内行政村为2016年通宽带互联网的自然村，居民定居点的比例为91%，接近全国平均水平。T检验结果表明,样本组与全国实际水平之间不存在显著差异,说明样本组具有较好的代表性。

二、研究设计

为检验上述研究假设,考察电子商务对农村产业发展的影响,需要验证并回答三个问题:一是电子商务能否推动农村集体经济的发展?二是电子商务对农村集体经济的影响机制是什么?因作者掌握的数据有限,乡村电子商务采用的营销能力效应(包括市场扩大效应、信息不对称、品牌效应)难以验证[①]。因此,本书重点验证其间接作用机制,即电子商务是否具有经济正外部性,并能缓解农村集体经济发展中的投资、土地和人力限制?三是电子商务的集体经济发展促进效应是否受村干部素质能力的影响?按照上述研究思路,模型设计如下:

(一)验证电子商务采用对农村集体经济发展的影响

$$Industry_i = \alpha_0 + \alpha_1 E\_commerce_i + \sum \alpha_j X_j + \mu_i \tag{3-1}$$

式中,i 表示第 i 个样本村庄;$Industry$ 表示集体经济发展情况;$E\text{-}commerce$ 为村庄电子商务采用;X 表示影响集体经济发展的其他控制变量;μ 表示残差项。

(二)验证电子商务采用对农村集体经济发展的间接影响机制

电子商务采用的劳动力增长效应:

$$Labor_i = \alpha_0 + \alpha_1 E\_commerce_i + \sum \alpha_j X_j + \mu_i \tag{3-2}$$

[①] 值得注意的是,电子商务采用的直接效应与现有文献的观点较为一致,但仍然缺乏直接且全面的经验证据,需要在未来的工作中加以解决。

电子商务采用的经营规模效应：

$$Land_i = \beta_0 + \beta_1 E\_commerce_i + \sum \beta_j X_j + \tau_i \qquad (3-3)$$

电子商务采用的投资增长效应：

$$Fund_i = \gamma_0 + \gamma_1 E\_commerce_i + \sum \gamma_j X_j + \sigma_i \qquad (3-4)$$

式中，$Labor_i$ 表示村庄劳动力增长情况，包括外来人口和返乡回流人口；$Land_i$ 表示具有农业经营优势的农户的经营规模情况；$Fund_i$ 表示具有经营优势的农户的投资情况。值得注意的是，机制验证从宏观和微观两个视角开展：通过模型（3-2）从村庄的宏观视角，验证乡村电子商务的采用是否能够吸引外来人口以及外出务工人口返乡，从而缓解农村集体经济发展中的劳动力不足的限制；而集体经济的土地限制从农户微观视角开展，验证电子商务的采用是否会促进具有农业经营比较优势的农户的经营规模与投资。上述理论分析表明，具有比较优势的农户依然是农村集体经济发展的主体。从主体的行为决策出发，验证电子商务的经营规模和投资增长效应，能够揭示电子商务的内在作用路径。因此，模型（3-2）控制变量与基准模型保持一致，模型（3-3）与模型（3-4）的控制变量变更为影响农户土地流转和农业投资的相关变量。

（三）验证村干部素质能力的调节作用

$$\begin{aligned}Industry_i = {} & \alpha_0 + \alpha_1 E\_commerce_i + \alpha_2 ability_i + \\ & \alpha_3 ability_i E\_commerce_i + \sum \alpha_j X_j + \mu_i \end{aligned} \qquad (3-5)$$

式中，$ability_i$ 表示村庄 i 村干部的素质能力，其余与基准模型一致。通过引入村庄村干部能力与电子商务的交互项，分析村庄村干部能力在电子商务推动集体经济发展中的调节作用。

三、变量设计

(一) 被解释变量：农村集体经济发展情况

考虑到农村集体收入是农村公共服务提供的重要资金来源，对于乡村振兴建设具有重要的意义，本章采用村级集体收入衡量农村集体经济的发展水平，对应的行政村问卷的题项为"全年村集体收入（单位：万元）"。虽然当前村集体经济力量较为薄弱，但是集体经济的强弱关系到农业农村农民问题的解决质量，关系到党在农村的凝聚力、号召力和战斗力。为此，党的十九大报告指出"深化农村集体产权制度改革，保障农民财产权益，壮大集体经济"。2016年末，10.87%的村庄村集体收入为0；43.97%的村庄村集体收入为0~10万元，比例接近样本组的一半；22.21%的村庄村集体收入为10万~25万元；22.95%的村庄村集体收入在25万元以上，其中7.46%的村庄村集体收入超过100万元。

(二) 解释变量：电子商务

随着电商购物平台和自媒体的快速发展，网络销售已成为农产品尤其是包括特色农产品在内的各类产品销售的重要渠道。电子商务的发展能够有效地解决村庄农产品销售渠道单一、滞销和营销推广等问题，有助于推动农村集体经济的发展。因此，本章采用"村庄是否建设电子商务配送站"虚拟变量表示村庄的电子商务使用情况，如果村庄存在电子商务配送站，取值为1，反之为0。在机制验证部分，选取规模农业经营户的"2016年是否通过电子商务销售农产品"（是否采纳电商）以及"电子商务销售额占农业经营收入比重"（电商销售额占比）来衡量电子商务采纳对具有农业经营比较优势农户的影响。

(三) 调节变量：村干部素质能力

电子商务平台作用能否顺利发挥仍然取决于村民和村干部对电子商务平

台的认识和利用情况。当村干部素质能力较强时，其对新兴电子商务销售模式的认知和重视程度更高，借助互联网的电商平台与自媒体销售，能够有效地拓宽农产品销售渠道和提升市场竞争力，进而促进农村集体经济的发展。为检验村庄村干部素质能力在电子商务影响农村集体经济发展中的调节作用，参考张洪振等（2022）文献[166]，选择"村主任受教育程度"作为村干部的素质能力的代理变量，其受教育程度越高，对新兴销售模式的认知和利用程度也会越高。

（四）中介变量

（1）劳动力规模。电子商务能够通过吸引外来人口和本地外出青壮年劳动力回流，提升乡村地区人力资本强度，进而推动地区产业开发能力、市场创新能力的提升。因此，采用"村庄外出流动人口比例"的倒数衡量地区村庄劳动力回流的状态和地区人力资本强度，并且采用"村庄外来人口比例"衡量乡村吸引外来人口就业的能力。

（2）经营规模与资本投入。推动土地流转和土地规模经营是集体经济发展的重要路径（任天驰等，2020）[167]。本书采用规模农业经营户的"转入耕地面积"与"开荒和复垦耕地面积"之和（新增耕地面积）衡量农户的土地经营规模。电子商务的采用促进了劳动力的流动和经营规模的扩大，并通过资源联动机制驱动农户投资，"新增耕地面积"能够衡量农户的资本投入增加量。此外，还可以采用"农林牧渔经营支出合计"衡量资本投入量，以增强结论的稳健性。

（五）其他控制变量

为了保障估计结果的稳健性，本书参考张洪振等（2022）[166]、任天驰等（2020）[167]相关研究，将影响村庄集体经济发展、农户土地流转和农业投资的其他因素控制在内。以农村集体经济发展为例，控制变量主要包括：常住人口、农业技术水平、是否有大学生村官、村支书年龄、受教育程度、行政村面积、全年集体收入、基础设施。上述主要变量的描述性统计如表3-1所示。

表 3-1　农村层面主要变量的描述性统计

变量名称	定义	赋值及单位	均值	标准差	最小值	最大值
集体经济	人均村集体收入	村集体收入除以人口,单位:万元/人	105.19	2873.75	0	30.94
电子商务	是否有电子商务配送站点	是=1;否=0	0.23	0.42	0	1
村干部素质能力	村主任受教育程度	1=未上过学;2=小学;3=初中;4=高中或中专;5=大专及以上	3.57	0.85	1	5
劳动力规模	村庄外出流动人口比例	单位:%	0.17	0.33	0.09	0.73
	村庄外来人口比例	单位:%	0.04	0.29	0	21.96
地形水平	地形水平	山地=3;丘陵=2;平原=1	1.90	0.831	1	3
电子商务	区域内村庄电子商务使用的比率	采用电子商务村落数量/区域村庄数量	0.14	0.39	0.03	0.51
人口规模	常住人口取对数	—	6.96	0.91	0	9.85
基础设施	能正常使用的机电井数量	单位:个	0.16	0.83	0	11
养殖模式	是否集中养殖	是=1;否=0	0.12	0.32	0	1
经济水平	全年村集体收入对数	—	2.40	1.56	-2.30	12.64
村庄面积	村庄面积的对数	—	5.96	1.16	-1.61	9.21
技术水平	技术人员数量	单位:人	0.56	0.69	0	20
大学生村官	在岗大学生村官人数	单位:人	0.15	0.42	0	12
村支书年龄	村支书年龄	单位:岁	50.40	9.44	31	83
村支书素质	党支部书记受教育程度	小学及以下=1;初中=2;高中=3;大专及本科=4;本科以上=5	3.764	0.885	1	5

资料来源:第三次全国农业普查微观数据——行政村普查数据。笔者计算而得。

第四节 实证结果与分析

一、基准结果分析

本书使用 Tobit 模型对式（3-1）进行估计，并采用稳健性标准误修正异方差引致的估计偏误。估计结果如表 3-2（1）至（3）列所示。通过逐渐控制村级特征变量和地区固定效应后，电子商务系数为 0.172，在 1% 水平上显著为正。为保障估计结果的稳健性，采用线性概率模型进行估计，估计结果显示在控制其他因素的影响后，电子商务变量的系数依然在 1% 水平上显著为正。估计结果表明，在给定其他变量的情况下，相比没有电子商务的村庄，具有电子商务的村庄集体经济发展水平更高，即电子商务发展能显著提高村庄发展集体经济的概率，假设 H1 部分得证。

表 3-2 基准回归结果

变量	Tobit			线性概率模型		
	(1)	(2)	(3)	(4)	(5)	(6)
电子商务	0.102***	0.128***	0.172***	0.015***	0.015***	0.020***
	(0.031)	(0.032)	(0.033)	(0.004)	(0.004)	(0.004)
人口		0.061***	-0.047**		0.006***	-0.007***
		(0.017)	(0.018)		(0.002)	(0.002)
农业技术水平		0.071***	0.091***		0.010***	0.012***
		(0.018)	(0.018)		(0.002)	(0.002)
大学生村官		0.084***	0.045		0.012***	0.007*
		(0.028)	(0.030)		(0.004)	(0.004)
村支书年龄		0.004***	0.001		0.001***	0.000
		(0.001)	(0.001)		(0.000)	(0.000)

续表

变量	Tobit			线性概率模型		
	(1)	(2)	(3)	(4)	(5)	(6)
村支书受教育程度		0.053*** (0.017)	0.051*** (0.018)		0.006*** (0.002)	0.005*** (0.002)
基础设施		-0.006*** (0.001)	0.003*** (0.001)		-0.001*** (0.000)	0.000*** (0.000)
禽畜集中养殖		0.460*** (0.036)	0.453*** (0.038)		0.060*** (0.005)	0.057*** (0.005)
村集体收入		-0.026*** (0.010)	-0.018 (0.011)		-0.003*** (0.001)	-0.002* (0.001)
村庄面积		0.305*** (0.012)	0.240*** (0.016)		0.033*** (0.001)	0.025*** (0.002)
Pseudo R^2	0.004	0.030	0.075	0.003	0.023	0.057
省份固定效应	否	否	是	否	是	是
观测数	51992	51992	51992	51992	51992	51992

注：括号内为标准误；***、**和*分别表示在1%、5%和10%的显著性水平下显著。

当前，我国集体经济产业发展水平仍然较低，如何有效地推动农村集体经济发展，实现产业振兴和乡村振兴仍是我国乡村治理的核心问题。虽然结果表明电子商务采用能够显著地促进农村集体经济发展，但当前具备电子商务配送站的村庄比重仅为23%，且主要是分布在中国沿海等经济较为发达的区域，对于落后地区乡村的集体经济推动作用不够明显。因此，在当前背景下，需要注重推进落后地区农村电子商务平台建设，通过拓宽农产品销售渠道等路径，推动农村集体经济发展。

二、稳健性检验

（一）变换估计模型

农村集体经济发展与电子商务的非线性关系并不总是成立的。函数形式设定可能存在的偏误会被残差项（μ_i）吸收，使 E-commerce 与 μ_i 相关，导

致 α_1 估计有偏（Harding，2003）[168]。为解决可能存在的模型设定偏误和样本选择性偏差，采用因果推断分析框架中的倾向得分匹配（PSM）检验电子商务对农村集体经济产业发展作用的稳健性。

相比 Logit 等模型，PSM 没有模型形式设定、参数以及解释变量外生的限定。这里通过为有电子商务站点的村庄（$E\text{-}commerce=1$）匹配其他变量相近的电子商务站点的行政村（$E\text{-}commerce=0$），弱化由模型形式误设（FFM）和样本选择偏误导致的估计偏误问题。本章根据基准模型中的控制变量和省级控制变量，并将匹配范围控制在同一区域之内，采用 Logit 模型进行概率匹配，概率值计算如下：

$$E - commerce_i = \beta_0 + \beta X_i + \varepsilon_i \tag{3-6}$$

式中，X_i 表示包含村级控制变量和省级控制变量的控制变量组。另外，本章样本容量大，能够满足 PSM 的大样本需求，确保实现高质量匹配和估计结果可靠。

为保证估计结果的稳健性，本章采取文献中较为常用的卡尺内最近邻匹配等五种匹配方法来估计电子商务对行政村产业发展影响的平均处理效应。估计结果如表 3-3 所示，几种匹配的结果近乎一致：电子商务能够显著促进农村集体经济的发展，平均处理效应为 3.3%~4.5%，且均在 1% 的水平上显著为正。

表 3-3　电子商务的平均处理效应

匹配方法	处理组	对照组	平均处理效应	标准误
1 近邻匹配	0.147	0.102	0.045***	0.013
k 近邻匹配	0.144	0.107	0.037***	0.011
卡尺内 k 近邻匹配	0.145	0.104	0.041***	0.012
半径卡尺匹配	0.145	0.112	0.033***	0.011
核匹配	0.145	0.106	0.039***	0.011

表 3-4 为 k 近邻匹配质量检验结果。结果表明，PSM 显著削弱了样本的

自选择效应，匹配质量高，其结果与基准回归结果基本一致，表明了上述结论的稳健性。

表 3-4　PSM 检验质量

	决定系数	似然比卡方统计量	P 值	平均偏差	中位数偏差	B (%)	R
匹配前	0.026	1418.30	0.00	15.8	14.7	38.5*	1.61
匹配后	0.000	2.37	0.79	0.8	0.6	2.0	1.09

注：B 值表示处理组与对照组之间偏差均值的标准化差异，R 值表示处理组与对照组之间偏差均值方差值之比；B 值小于 25% 同时 R 值在 [0.5, 2] 内时匹配质量较高。

（二）内生性检验

前文通过分别引入村级控制变量、省级控制变量和固定效应，在一定程度上缓解了因遗漏变量导致的内生性偏误，保证了估计结果的稳健性。但是产业兴旺的村庄由于拓展销售渠道的需要，会努力推进电子商务的建设。因此，前文的基准回归结果，可能受反向因果导致的内生性问题影响而存在偏误。另外，即使本书控制了影响集体经济发展的诸多变量和区域固定效应，仍然可能遗漏一些无法测度的重要因素。为了克服由变量内生性导致的估计偏误，本书选取如下工具变量：（1）村庄地形。首先，地形因素不仅影响电子商务配送站的建设问题，也会影响电子商务实际运行效率，村庄地形趋于平坦时，村庄采用电子商务的可行性越大。与此同时，村庄地形属于外生变量，且集体经济发展往往因地制宜，与地形之间没有必然联系，符合工具变量的外生性条件。（2）区域电子商务利用率。电子商务发展具有同群效应，地区电子商务利用程度越高，越能带动区域内村庄的电子商务使用，但区域整体的电子商务利用并不会直接影响村庄自身的集体经济发展，因而该变量同时满足工具变量的相关性与外生性要求。IV-Probit 模型估计结果如表 3-5 所示。

表 3-5 基于工具变量的回归结果

变量	(1) 电子商务	(2) 集体经济	(3) 电子商务	(4) 集体经济
电子商务		0.624*** (0.106)		0.472*** (0.097)
村庄地形	-0.204** (0.089)		-0.317*** (0.092)	
区域电子商务利用率	0.349*** (0.036)		0.273*** (0.041)	
控制变量	是	是	是	是
地区固定效应	否	否	是	是
F	55.97***		44.32***	
R^2/瓦尔德卡方检验	0.179	324.18***	0.187	59.74***
观察数	51992	51992	51992	51992

注：括号内为标准误；***、**和*分别表示在1%、5%和10%的显著性水平下显著。

其中，(1)、(3) 列为第一阶段回归结果，工具变量系数均显著，且符号符合预期，工具变量满足相关性假设。F 统计量分别为 55.97 和 44.32，均在1%水平上显著，拒绝"弱工具变量"假设。此外，Hansen J 统计量为 1.475，对应概率值为 0.317，不能拒绝工具变量与误差项不相关的原假设，选取的工具变量满足外生性。(2) 和 (4) 列为第二阶段估计结果，电子商务变量的外生性原假设的瓦尔德卡方检验的检验结果分别为 324.18（P 值 0.000）和 59.74（P 值 0.000），可以在1%的显著性水平上认为电子商务变量为内生变量。但工具变量估计结果表明，电子商务依然对农村集体经济发展具有显著的提升作用。与基准回归结果相比，内生性检验结果虽然系数增大，但是系数方向和显著性未发生显著改变，上述研究结论具有稳健性。

三、区域空间异质性作用检验

现有关于电子商务经济效应的研究囿于研究样本国别的差异，结论尚未达成一致。那么，中国地区间差异显著，电子商务对农村集体经济发展的影响是否也会具有显著的区域异质性呢？为此，本章将样本分别以东部、中部、西部和内陆及沿海的标准，对样本进行分组回归，以此检验电子商务对农村集体经济影响的空间异质性。检验结果如表3-6所示。

表3-6 区域异质性检验结果

变量	(1) 东部	(2) 中部	(3) 西部	(4) 内陆	(5) 沿海
电子商务	0.157*** (0.042)	0.082 (0.059)	0.142*** (0.037)	0.141*** (0.031)	0.143** (0.059)
控制变量	是	是	是	是	是
地区固定效应	是	是	是	是	是
似然比卡方统计量/R^2	1482.44***	247.23***	481.92***	2283.51***	1407.83***
观察数	22498	16913	12581	34808	17184

注：括号内为标准误；***、**和*分别表示在1%、5%和10%的显著性水平下显著。

结果表明，电子商务在推动集体经济发展中具有一定的空间差异性，具体表现在，东部和西部地区系数显著为正，而中部地区虽然系数为正，但是其推动作用并不显著。而沿海与内陆的空间差异性较小，无论是系数的绝对值还是显著性均没有显著差异。整体而言，电子商务的集体经济促进效应并不存在显著的空间异质性。尽管不同地区存在一定差异，中部地区的作用效果尚未充分发挥，但仍可以看出电子商务在促进农村集体经济中的普遍适应性。

第五节 影响机制和调节效应检验

上述研究结果表明，电子商务是推动农村集体经济发展的重要助力，在推动乡村振兴中的作用显著。但其影响机制如何，又有何外部制约因素呢？

基于上文的理论分析，本部分实证检验劳动力、土地和投资在其中的间接影响，以及村干部素质能力在其中的调节作用。

一、影响机制检验

基于宏观与微观视角，本章采用 Tobit 和 OLS 模型并利用第三次农业普查中的行政村数据和规模农业经营户数据实证检验了电子商务采纳对乡村劳动力、农户土地规模经营和农业投资的作用，从而验证电子商务在推动农村集体经济发展中的作用路径[①]。具体检验结果如表 3-7 所示。

表 3-7 影响机制检验结果

变量	(1) 集体经济	(2) 劳动力回流	返乡人口	外来人口	(3) 土地规模	(4) 农业投资
Panel A：劳动力回流（宏观视角）						
电子商务	0.073*** (0.025)	0.127*** (0.029)	0.142*** (0.034)	0.093** (0.044)		
劳动力回流	0.058*** (0.020)					
村干部素质能力	0.067*** (0.023)					
电子商务 * 村干部素质能力	0.128** (0.063)					
Panel B：土地规模与农业投资（微观视角）						
是否采纳电商					0.102*** (0.027)	0.163*** (0.030)
电商销售额占比					0.137** (0.062)	0.141** (0.059)

---

① 考虑到微观样本中存在部分规模农业经营户进行常规粮食作物种植，无法有效揭示电子商务对农村集体经济发展的作用路径。通过剔除规模经营农户中"种植业为主要农业行业，且稻米、小麦和玉米耕地面积超过50%"的用户，以使样本更好地聚焦于集体经济的规模经营用户，进而揭示电子商务对集体经济的规模经营农户经营行为的影响。

续表

变量	(1) 集体经济	劳动力回流	(2) 返乡人口	外来人口	(3) 土地规模	(4) 农业投资
控制变量	是	是	是	是	是	是
地区固定效应	是	是	是	是	是	是
似然比卡方统计量/R^2	1849.47***	0.26	0.23	0.21	0.30	0.37
观察数	51992	51992	51992	51992	16279	16279

注：括号内为标准误；***、**和*分别表示在1%、5%和10%的显著性水平下显著。

表3-7中，首先，（1）列将劳动力回流纳入基准模型之中，结果表明乡村电子商务和劳动力回流在1%的显著性水平上正向影响农村集体经济发展，但相比基准模型中电子商务的估计系数绝对值有所下降（0.174降至0.073）。其次，（2）列验证了农村电子商务的采纳对劳动力回流的影响，结果表明对比没有采纳电子商务的农村，应用电子商务的农村的劳动力回流效应更为显著，系数为0.127在1%的水平下显著为正。具体而言，电子商务的采纳不仅能够显著吸引农村内部兼业化农户返乡发展（0.142），也能有效吸引其他外来人口进入，从而整体上实现农村劳动力规模的扩张，助力农村集体经济发展。

此外，从微观视角来看，相比不应用电子商务的农户而言，电子商务显著促进了农户土地流转和农业投资的规模，并且随着农户农业经营收入中电商销售额占比的提高，土地流转和农业投资规模也显著提升。（3）列和（4）列的估计结果表明，电子商务的采纳和深入应用能显著提升具有农业经营比较优势的农户的土地经营和农业投资规模，从而间接促进农村集体经济产业的发展。至此，假设H1得证，农村电子商务的采用能够通过直接和间接的方式推动农村集体经济的发展。

二、村干部素质能力的调节效应分析

上述研究发现，电子商务的采纳能够通过直接和间接的作用机制促进村级集体经济发展，然而现有研究很少关注村干部素质能力在电子商务推动农村集体经济发展中的调节作用，故有必要进一步探讨。本书认为村干部素质能力与村庄销售模式选取及电子商务平台利用率息息相关，随着村干部受教育程度的提升，村庄对电子商务销售模式的利用率也会提高，这能够加速电子商务对集体经济推动作用的发挥。反之，受乡村传统销售思维和认知所限，即便村庄进行电子商务平台建设，也会逐渐陷入形式，难以发挥自身作用。为检验村干部素质能力在其中的制约效应，如式（3-5）所示，在基准模型中引入电子商务与村干部素质能力的交互项。具体的调节效应检验结果如表3-7中（1）列所示，村干部素质能力系数（0.067）在1%水平上显著为正，表明村干部素质能力的提升能够显著促进农村集体经济的发展。并且，交互项系数（0.128）在5%水平上显著为正，表明村干部素质能力在电子商务促进农村集体经济发展中发挥着显著的调节作用，随着村干部素质能力的提升，电子商务的促进作用能够更好地发挥，假设H2得证。

第六节　本章小结

乡村振兴，集体经济是抓手。如何有效推动农村集体经济发展，已成为实现当前乡村振兴的关键问题。作为新兴的销售渠道，电子商务在克服特色农产品销售困境、打造集体经济品牌、推动农村集体经济发展方面具有重要作用。因此，研究电子商务对农村集体经济发展的影响，对于评估电子商务的作用和乡村振兴未来政策制定与实施具有重要的现实意义。基于第三次农业普查的行政村与规模经营农户数据，实证检验了电子商务对农村集体经济发展的影响、外部制约因素和作用机制。研究发现：电子商务能够显著地促进乡村地区的产业发展，其作用在全国层面具有普遍性。但作用受到村庄干部素质能力的调节，随着村干部受教育程度的提升，村庄对电子商务销售模式的利用率越高，电子商务对集体经济发展的推动效果也越显著。稳健性和内生性检验支持了上述结果的可靠性。最后，影响机制检验表明，电子商务不仅能直接通过拓宽销售渠道、营造品牌促进农村集体经济发展，还能通过吸引劳动力回流、提高土地经营规模和农业投资方式间接推动农村集体经济产业发展。

电子商务是农村产业兴旺的重要助力，继续发挥电子商务在农村集体经济发展和经济增长的溢出效应，成为乡村振兴的重要路径。首先，当前乡村电子商务应用比例仍然较低，约为23%，尤其是在中西部地区集体经济发展过程中，缺乏电子商务的支持（除了甘肃、重庆与云南）。政府应该继续实施乡村电商政策，尤其是针对具备集体经济发展优势的地区，加大电商推进力度，保障中西部落后地区农村集体经济发展，充分发挥电子商务对农村集体经济发展的助力作用。其次，加强对村庄村干部的培训和年轻干部的培养是推动农村集体经济发展的重要路径。提升村干部素质能力，不仅能直接推动农村集体经济的发展，还能通过加速发挥电子商务等数字经济技术的作用，助力农村集体经济发展。研究结论对于完善乡村电子商务政策、推进农村集体经济发展和促进产业振兴具有重要意义。

第四章

人才引进能促进农村集体经济发展吗？

——基于大学生村官视角

人才引进伴随着乡村振兴战略的全面推进，人才被视为激活农村发展的关键资源。在现代农业转型与农村经济结构调整的进程中，如何通过有效的人才引进机制，推动农村集体经济发展，成为学界与政策界关注的焦点。本章旨在探讨人才引进如何影响农村集体经济的成长与变革，并在理论分析的基础上，结合实证研究加以论证。具体而言，本章选取"大学生村官"作为研究视角，剖析其在农村治理、资源整合与产业发展中的角色与作用。大学生村官作为一类"外来知识型人才"，兼具教育背景与制度支持，其在农村集体经济中的实践行为，为评估人才引进机制的有效性提供了宝贵案例。本章利用中国第三次农业普查中 55125 个行政村调查数据，实证检验了大学生村官对农村集体经济的影响、作用路径与制约因素。研究发现，大学生村官对农村集体经济增长具有显著的促进作用，尤其在村落资源禀赋较为优越、人口较少和村支书受教育程度较高的村庄中，大学生村官的经济溢出作用能够得到最大程度的发挥。大学生村官农村集体经济增长的边际效应随其数量的增多"先上升后下降"，当村庄大学生村官数量为 2 时，大学生村官数量的边际增长效应达到最高。此外，影响机制检验表明，农村特色产业发展、销售渠道扩展和公共资金的获取是大学生村官影响农村集体经济发展的重要机制。

第一节 引 言

　　发展壮大农村集体经济是强农业、美农村、富农民的重要抓手，是实现乡村振兴战略的必由之路。而在农村集体经济发展中，基层管理主体个人特征在集体经济发展方式和政策实施中的作用至关重要（Chen and Zhong，2002；Besley et al.，2011；Bloom et al.，2015；Yao and Zhang，2015）[169-172]。但囿于年龄结构偏高、学历层次较低、工作热情不足等问题普遍存在，大部分传统村干部在带动农村集体经济增长方面的作用十分微弱（高梦滔、毕岚岚，2009；刘宏、毛明海，2015）[173-174]，直接制约着乡村振兴战略的实施效果。为加强农村基层组织建设，培养有知识、有文化的新农村建设带头人，2008年中共中央组织部等印发《关于选聘高校毕业生到村任职工作的意见》，决定在全国范围内开展高校毕业生到村任职工作（大学生村官计划）。《乡村振兴战略规划（2018—2022年）》也进一步强调"人才振兴是乡村振兴的硬支撑"，并明确提出要深入推进大学生村官工作，为农村经济发展和乡村振兴战略的顺利实施提供人才支撑。作为高素质村干部的储备和代表群体，在当前农村集体经济的薄弱与发展不平衡已经成为制约乡村振兴实施的因素的背景下，大学生村官对农村集体经济发展的作用如何？又该如何有效发挥大学生村官在农村集体经济发展和乡村振兴中的支撑作用，推动乡村振兴战略实施？显然，在乡村振兴和农村经济发展的战略要求下，对大学生村官的农村集体经济增长效应进行实证分析，能够为政府乡村经济发展政策的制定和实施提供重要的政策参考和现实依据。

　　根据乡村人才振兴的要求，各级政府采取了一系列吸引大学生到村任职的相关措施，大学生村官在农村基层管理中的地位与作用不断凸显。然而，现有研究关于大学生村官对农村经济发展作用尚未达成共识。理论界普遍认为，基层管理者素质是影响组织资源配置效率的重要因素（吴健、张光磊，

2016)[175]，大学生村官能够通过提升农村基层管理团队的教育层次、人力资本的知识溢出、转变农村经济发展方式，实现农村资源配置效率的提升和经济增长（赵仁杰、何爱平，2016；杨婵、贺小刚，2019；宋全云等，2019）[176-178]。然而，现有研究鲜有将人力资本溢出的时滞性和村落外部环境的制约考虑在内，政策性激励下的大学生村官任期较短，流动性较强，能否在任期内及时发挥自身的带动作用仍然存疑。另外，由于乡村秩序仍然主要依赖于乡村多元权威来维持（费孝通，2011；王妍蕾，2013）[179-180]，即使大学生村官能及时地发挥自身带动作用，其外部环境的制约仍然可能导致政策效果难以发挥。传统的人力资本和组织权威理论无法事前预测这些影响中哪些将占主导地位。因此，大学生村官对农村经济发展的影响仍然不确定，需要进行新的实证研究。

由于农村层面数据受到限制，现有关于农村经济增长的研究主要是从"农民"的微观角度展开，分析土地流转、农机服务、农业保险、基层领导素质等因素对农村经济增长的影响（薛凤蕊等，2011；彭新宇，2019；周稳海等，2014；莫海燕，2024）[181-184]，忽视了对农村集体经济发展的研究。而农村集体经济的强弱关系到农业农村农民问题的解决质量，关系到党在农村的凝聚力、号召力和战斗力，是农村公共服务提供的重要资金来源，对于乡村振兴中的产业兴旺、生态宜居、乡风文明建设具有重要的意义。为此，党的十九大报告指出，"深化农村集体产权制度改革，保障农民财产权益，壮大集体经济"。因此，本章基于农村集体经济视角，分析大学生村官在农村集体经济发展中的重要作用。另外，现有关于大学生村官和农村干部素质对农村经济发展作用的研究，样本数量均较小，样本村落不超过1000个，而由于农村的基础环境差异巨大，小样本难以反映中国农村的实际情况。因此，本书采用中国第三次农业普查中的55125个行政村样本数据对该问题进行研究，样本占中国总体行政村的8.33%，能够有效地代表中国农村的真实经济社会发展水平，估计结果具有更高的稳健性和科学性。

综上所述，本章从农村集体经济发展视角出发，重点考察大学生村官政策是否有利于提升农村集体经济发展水平。如果有，那么其作用机制如何？

受到什么因素的制约？并且在大学生村官政策激励背景下，又应该如何有效避免人力资本的错误配置，充分发挥大学生村官在农村集体经济发展中的重要作用？为回答上述问题，本章基于中国第三次农业普查行政村调查数据（2016年），探讨了大学生村官对农村集体经济发展的影响，并分析了大学生村官发挥作用的制约因素和影响机制，以期为未来的政策制定提供经验证据。

除上述政策含义外，本章的边际贡献有如下三个方面：第一，尽管存在大量关于农村经济增长的相关研究，但是现有研究主要集中在农户收入的微观视角，忽视了农村集体经济在农村经济发展、共同富裕和乡村振兴中的重要地位。本章基于农村集体经济视角分析大学生村官对农村经济增长的影响，研究村领导素质对农村经济的宏观影响。据笔者所知，本节是少数从农村集体经济视角分析基层管理者素质对农村经济增长影响的研究。第二，本章将村落的自然环境、人口规模等因素纳入研究框架，分析了村落外部环境对大学生村官经济溢出效应的制约效果，并且估计了大学生村官数量对经济增长的边际作用，拓展了当前大学生村官实证研究的边界。第三，研究内容还与乡村精英治理理论的相关研究密切相连，现有研究主要关注掌握村庄正式权力资源的"体制内精英"对农村经济发展的影响（吕丹、李明珠，2020）[185]，大学生村官是外派的农村特设岗位，属于非公务员身份，实际上对村庄的权力与资源难以进行有效利用，属于实质上的"非体制内精英"。研究结果为"非体制内精英"对农村经济增长的影响提供实证依据。

第二节　政策背景与理论分析

一、大学生村官政策

（一）大学生村官政策的演替

大学生村官政策是党的十七大以来党中央提出的一项重大战略决策。该决策号召应届全日制普通高校本科及以上学历毕业生走入农村，担任村党支部书记助理、村主任助理或其他职务，以培养一批社会主义新农村建设骨干人才、党政干部队伍后备人才和各行各业优秀人才，从而加强农村基层组织建设，带动农村经济发展。自1995年江苏省的"雏鹰工程"起，中央和地方政府十分重视大学生村官政策的发展和推广，2008年中共中央组织部等印发《关于选聘高校毕业生到村任职工作的意见》，开始在全国范围内实施大学生村官计划。2018年，国务院在《乡村振兴战略规划（2018—2022年）》中也进一步强调要继续深入推进大学生村官工作，保障农村建设的人才支撑。大学生村官政策发展主要经历了"各地方自发探索阶段（1995—2004）"、"局部探索试验阶段（2004—2008）"、"全面发展推进阶段（2008—2018）"和"继续深入阶段（2018—2020）"四个阶段。截至2016年底，全国在岗大学生村官人数超过10万人，累计人数达到47万余人，其中村"两委"成员比例超过20%，大学生村官在农村基层管理中的作用日益受到关注。

（二）大学生村官的职能

大学生村官属于政府的选派项目，并非正式的公务员身份，其农村在岗职位一般为"村级组织特设岗位"，主要承担着政策落实、经济发展、推广科技、村务管理等职责。具体而言，如果到村任职的大学生村官是正式（预备）共产党员，一般担任村支部书记（村主任）助理；是共青团员的大学生村官，一般兼任村团组织的书记或副书记。如果次年考核通过，大学生村官则相应地担任村"两委"委员或以上职务。在基层农村工作中，大学生村官需要深入了解农村的生产生活环境，实现角色转变，并帮助农村发展致富项目，整理、宣传、落实和利用涉农政策，增强农村与市场的经济联系，加强基层组织建设，提高村组织的工作效率。

二、理论与检验假设

精英治理是传统乡村治理的主要模式（贺雪峰、阿古智子，2006）[186]。大学生村官作为外派的村级组织特设岗位，其对乡村经济发展的作用方式与掌握村庄正式权力资源的"体制内精英"的直接带动作用方式明显不同。大学生村官并不掌握村庄正式权力资源，只能在农村工作中发挥自身的政治社会影响力，通过转变传统发展路径、推进农业技术升级、加强外部联系等方式促进农村集体经济的发展。另外，受制于村庄资源禀赋、规模等因素，大学生村官的政策效果可能存在异质性。至此，提出待检验假设 H1：

H1：大学生村官工作对当地农村集体经济发展具有显著的推动作用，但受村干部素质、村庄资源禀赋等因素的制约，政策效果存在异质性。

若大学生村官能够推动农村集体经济发展，其内在作用机制如何？虽然目前关于村干部对村落发展影响的作用机制研究较为丰富，如创业活动和产权保护力度（杨婵、贺小刚，2019）[177]、引进外资和上级政府联系（赵仁杰、何爱平，2016）[176]、就业选择和信息获取（宋全云等，2019）[178] 等，但由于大学生村官的任用期较短，适应和了解的时间较长，大学生村官对农村集体经济影响的作用机制与传统村干部明显不同，其对村级集体经济发展的带动作用主要源于其工作职能。因此，本章拟从大学生村官的工作职能角度出发，分析大学生村官对村级集体经济发展的影响机制。

农村经济发展的基础是农业发展。因地制宜发展特色高效农业，转变农业发展方式，充分利用本地资源禀赋优势，突出地域特色，围绕市场需求，发挥规模效应是当前中国农村农业发展的重要路径。特色农业的发展需要以科技为导向，以产业链为主，高效配置各种生产要素，以充分了解和把握市场信息为前提，而受到农户自身资源与信息的限制，村庄难以自发地形成具备市场竞争力的特色农业。特色农业的形成发展需要村级管理组织的指导与帮助。实际上，任期较长的本地村干部农业生产思维模式容易僵化，不愿意对现有的生产模式进行创新（Finkelstein and Hambrick，1990）[187]。

然而，大学生村官对于发展村庄特色农业具有较强的动机与优势。一方面，发展致富项目是大学生村官工作的主要目标；另一方面，大学生具备较高的文化水平，其搜集信息和规划项目能力较强，农业发展的思维模式没有僵化，容易依靠农村自身特色的资源禀赋，进行特色农业项目的规划和指导。

并且，大学生村官对市场和风险的感知更为敏感，能够规避特色农业项目发展中的部分市场风险。通过深入了解农户、企业、农村合作社等农村实际情况，大学生村官能够有效发挥本地优势资源禀赋，发展规模化和品牌化特色农业，实现农户收入和农村集体经济增长。对此，提出待检验假设 H2：

H2：大学生村官能够通过发展农村特色农业，推动农村集体经济发展。

伴随着经济全球化和中国市场经济的快速发展，中国农产品结构发生巨大变化，农产品营销渠道成为市场供求的关键纽带。然而，农村传统的农产品销售渠道途径比较单一，"滞销、卖难、买贵"怪圈频繁出现，严重制约着农业产业抵御市场风险能力的提升和农民增收。而且，农产品因为其独特的生产、销售环境，在整个社会营销中往往处于劣势。因此，克服农产品销售渠道狭窄的问题，成为农村集体经济增长的关键，也成为大学生村官解决农村经济发展问题的重点。大学生村官具备较为活跃的市场思维，对网络电商和自媒体具备较高的认知和使用能力，通过构建农村电子商务平台等新型销售模式，不仅能提高农户收入，也能推动农村集体经济的发展。对比，提出待检验假设 H3：

H3：大学生村官能够通过拓宽农产品销售渠道，推动农村集体经济的发展。

公共投资是农村经济发展的重要资金来源，通过提供生产性公共服务，改善农业生产和农业销售条件，推动农村经济发展（Acharya，2016；林毅夫，2005）[188-189]，尤其是政府提供的基础设施投资，包括道路修建、农业灌溉、农业机械推广等。虽然中央和地方政府推出了大量的惠农政策与农村发展项目资金，但由于认知受限，相比大学生村官，本地农村干部往往对政策和政府部门资金的利用并不充分（宋全云等，2019）[178]。而政策的宣传与落实是大学生村官的主要工作，相比低学历村干部，大学生村官对惠农政策的理解与把握能力明显更强。同时，高学历的村干部具备更多的社会资本，与上级政府部门的政治关联更为密切（姚升等，2011）[190]，上级政府出于政绩考虑也会倾向于扶持高素质村干部的创业项目。在争取上级政府的公共资金支持时，大学生村官往往具备更高的主动性和更多优势，通过发挥自身社会关系网络和政治资源的影响，获得更多的政策资金支持和相关技术指导，为农村集体经济发展争取更为有利的外部条件。至此，提出待检验的假设H4：

H4：大学生村官通过宣传和利用惠农政策，争取公共资金支持，为农村集体经济发展创造有利的外部条件。

第三节 数据、变量与模型设计

一、数据来源

本章使用的数据来源于2016年进行的第三次全国农业普查中的行政村普查数据。农业普查自1997年以来历经三次，该项目旨在全面了解"三农"发展变化情况，为农业生产经营者和社会公众提供统计信息服务，为研究制定农村经济社会发展规划和新农村建设政策提供依据。2016年12月在国务院和地方政府的指导下，普查小组采取全面调查的方法，通过普查人员直接到户、到单位访问登记，全面收集农村、农业和农民有关情况，其普查对象主要包括普通农户、规模农业经营户、农业经营单位、行政村以及乡镇行政区。

为分析大学生村官对农村经济发展的作用，本章采用行政村普查数据。行政村普查问卷主要包括行政村的基本信息模块、人口信息模块、社会保障模块、基本社会服务信息模块、土地经营及流转模块、农村产业信息模块、村集体经济组织财务信息模块以及村干部信息模块。本章使用数据为课题组从全国农业普查中行政村普查数据中随机抽取的样本数据，共55125个行政村样本数据，其中具备在岗大学生村官的行政村数量为7954个，占样本总数的 14.43%。截至 2016 年底，大学生在岗人数为 102563 人[①]，如果假设每个行政村只配备 1 名大学生村官，全国具有大学生村官的行政村占比 14.83%。样本内有大学生村官的行政村占比与全国比例较为接近，表明随机抽取的样本组具有较强的全国代表性。

行政村样本分布见表 4-1。其中，华东地区行政村 16452 个，占比 29.84%；华北地区行政村 9567 个，占比 17.36%；华中地区行政村 9490 个，占比 17.22%；其余华南、西南、西北、东北地区的行政村数量（占比）分别为 3542（6.43%）、8284（15.03%）、5020（9.11%）、2770（5.02%）。样本数量分布较为均衡，除华南地区外，样本数量分布与地区的人口规模分布较为契合，样本组村落具有较好的代表性。另外，2017 年工信部指出目前行政村通宽带的比例已经超过 96%，贫困村宽带的覆盖率达到 86%，样本组内行政村 2016 年通宽带互联网的自然村、居民定居点的比例为 91%，接近全国水平，T 检验表明样本组与全国实际水平之间并不存在显著差异，表明样本组具有较好的代表性。

表 4-1　样本组村落地区分布情况

地区	频数	百分比(%)	地区	频数	百分比(%)	地区	频数	百分比(%)
华北地区	9567	17.36	浙江	2784	5.05	云南	1071	1.94
北京	371	0.67	安徽	1391	2.52	西藏	321	0.58
天津市	378	0.69	福建	1447	2.62	华南地区	3542	6.43
河北	5019	9.10	江西	1739	3.15	广东	1891	3.43
山西	2888	5.24	山东	7583	13.76	广西	1376	2.50
内蒙古	911	1.65	华中地区	9490	17.22	海南	275	0.50
东北地区	2770	5.02	河南	4636	8.41	西北地区	5020	9.11
辽宁	1032	1.87	湖北	2524	4.58	陕西	2102	3.81
吉林	964	1.75	湖南	2330	4.23	甘肃	1613	2.93

[①] 数据来源：中国村社发展促进会，《2016—2017 中国大学生村官发展报告》，北京：中国农业出版社，2017。

续表

地区	频数	百分比(%)	地区	频数	百分比(%)	地区	频数	百分比(%)
黑龙江	774	1.40	西南地区	8284	15.03	青海	354	0.64
华东地区	16452	29.84	重庆市	855	1.55	宁夏	220	0.40
上海市	154	0.28	四川	4492	8.15	新疆	731	1.33
江苏	1354	2.46	贵州	1545	2.80			

数据来源：根据第三次全国农业普查行政村数据随机抽样的分样本组数据整理得到。

二、变量设计

（一）被解释变量：农村集体经济发展

关于农村经济发展水平，现有研究常采用微观的农民收入（马晓河、王为农，2000；陈锡文，2006）[191-192]和消费水平（杨婵、贺小刚，2019）[177]或宏观层面的地区（省或市）农民人均纯收入（赵波等，2013）[193]衡量农村经济发展水平。考虑到农村集体收入是农村公共服务提供的重要资金来源，对于乡村振兴建设具有重要的意义，本章采用村级集体收入衡量农村集体经济的发展水平，对应的行政村问卷的题项为"全年村集体收入（单位：万元）"。

微观调研中高等收入群体参与意愿较低，即使参加也往往会低报自己的收入水平和消费水平，而且农户对自身收入和消费难以精确描述，只能给出大致的范围，导致微观的调研数据往往存在较为严重的偏差（王有捐，2010；施发启，2010）[194-195]。相比微观调研的农户收入和消费水平指标，农业普查中的村集体收入直接来源于村集体的会计记账，数据的误差率较小，真实性较高。与农村人均纯收入指标相比，村集体收入更能反映出样本之间的差异性。因此，选用农村的村集体收入水平，更能科学准确地反映农村的经济发展水平，能够降低后续的实证检验偏差。另外，虽然当前农村集体经济力量较为薄弱，但是集体经济的强弱关系到农业农村农民问题的解决质量，关系到党在农村的凝聚力、号召力和战斗力。为此，党的十九大报告指出"深化农村集体产权制度改革，保障农民财产权益，壮大集体经济"。在当前乡村振兴背景下，研究大学生村官对农村集体经济发展的影响具有重要的政策意义。

如图4-1所示，2016年末，10.87%的村庄村集体收入为0，43.97%的村庄村集体收入在0~10万元（含），比例接近样本组的一半，22.21%的村庄村集体收入在10万~25万元（含），约22.95%的村庄村集体收入在25万元以上，其中7.46%的村庄村集体收入超过100万元。通过对比有无在岗大学生村官的村庄样本数据（表4-2），年末有大学生村官在岗的村庄样本的集体收入显著大于无大学生村官在岗的村庄样本的集体收入，这在一定程度上说明了大学生村官在促进农村集体经济发展中的作用。

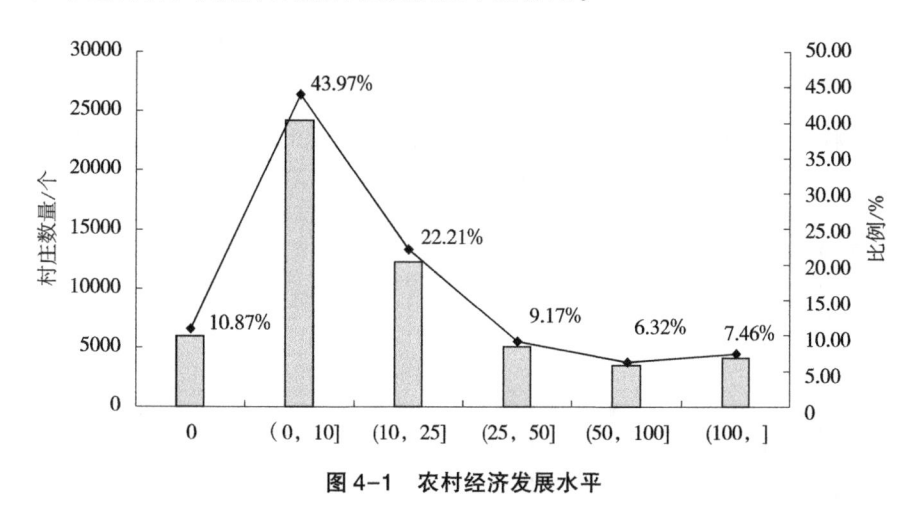

图4-1 农村经济发展水平

资料来源：第三次全国农业普查微观数据——行政村普查数据。笔者计算而得。

表4-2 大学生村官对农村经济发展作用的初步检验

行政村大学生村官在岗人数	观测值	平均值	标准差	95%的置信区间
0	47172	91.17	12.40	[66.86, 115.48]
大于等于1	7954	188.32	42.25	[105.50, 271.15]
差分	—	-97.15	34.83	[-165.42, -28.88]
t值	—	-2.78***	—	—

注："***"、"**"和"*"分别表示在1%、5%和10%的显著性水平下显著。

(二) 解释变量：大学生村官

本章关注的是大学生村官政策对农村集体经济发展的影响，以"大学生村官人数"作为核心解释变量。第三次农业普查的行政村问卷中的村干部模块，对村干部情况进行了详尽的调查，主要包括年末村干部人数、党支部书记情况和村委会主任情况，其中年末村干部人数包含年末大学生村官人数。本章利用"年末大学生村官人数"作为研究的自变量。如图4-2所示，样本组内年末大学生村官在岗的行政村共计7954个，包含在岗1位大学生村官的行政村7470个，在岗2位大学生村官的行政村332个，以及85个3位大学生村官和67个4位以上大学生村官的行政村，其中在岗1位大学生村官的行政村比例为93.92%，与当前实际情况较为契合。但是，其他1位以上大学生村官的行政村为估计大学生村官数量对农村经济发展的边际效用提供了样本支持。

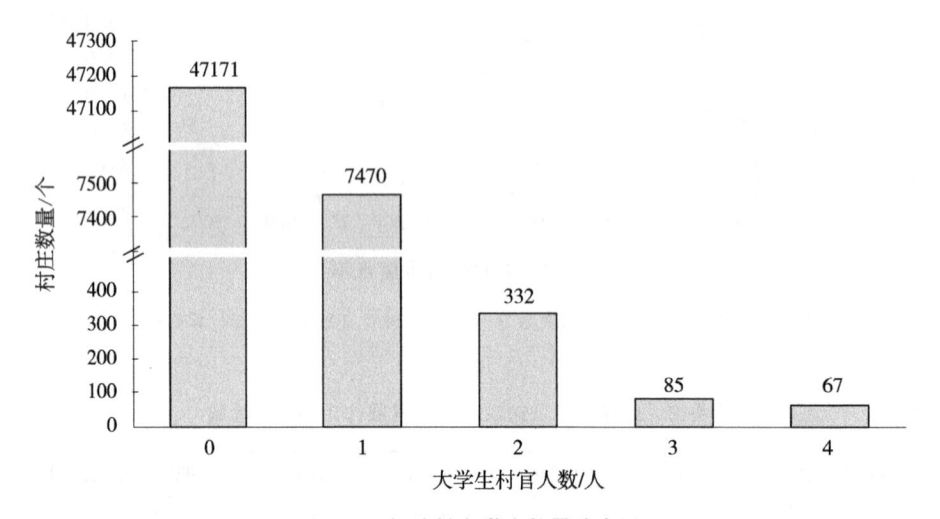

图4-2 行政村大学生数量分布图

注：横坐标表示行政村大学生在岗数量，其中4表示年末大学生在岗人数≥4。
资料来源：第三次全国农业普查微观数据——行政村普查数据。笔者计算而得。

(三) 中介变量

1. 产业发展

产业兴旺是农村经济发展的基础，现有研究对农村产业发展的衡量主要是农村第二、第三产业的产值占比，由于中国农村的经济发展水平较低，仍然以第一产业为主，特色农业仍然是农村产业发展的重要路径，因此本章通过农村"特色种养殖业情况"来衡量农村产业的发展情况[①]。如果农村具备特色种养殖业，表明地区农业发展具备较高的市场竞争力。

整体上我国特色农业发展仍然比较缓慢，样本组内只有7266个村庄形成了特色农业，占样本总数的13.18%。如图4-3所示，其中大学生村官在岗的村庄中，有1265个村庄形成特色农业，占比15.90%，而在无大学生村官在岗的村庄中，具有特色农业的村庄占比仅为12.72%，大学生村官在岗的村庄形成特色农业的概率远高于无大学生在岗的村庄的概率。

(a) 有大学生村官村庄　　　　　　(b) 无大学生村官村庄

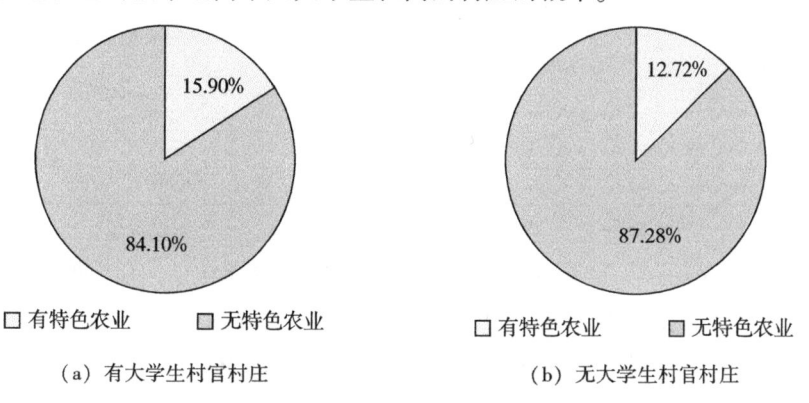

图4-3　大学生村官与村庄特色产业发展

资料来源：第三次全国农业普查微观数据——行政村普查数据。笔者计算而得。

---

① 特色种植业是指本辖区除稻谷、玉米、小麦、大豆、红薯、马铃薯、棉花、油菜籽等大宗农作物以外，在本县范围内种植面积较大、经济价值较高、具有一定影响力，其播种面积占该县该品种的总播种面积10%以上的种植品种。特色养殖业是指本辖区除猪、牛、羊、鸡、鸭、鹅以外，在本县范围内养殖量较大、经济价值较高、具有一定影响力，其养殖量占该县该品种养殖总量10%以上的养殖品种。特色水产养殖业是指本辖区除青、草、鲢、鳙、鲤、鲫、鳊鱼等大宗淡水鱼以外，在本县范围内养殖量较大、经济价值较高、具有一定影响力，其养殖量占该县该品种养殖总量10%以上的养殖品种。

2. 销售渠道

随着互联网和自媒体的快速发展，网络销售成为产品销售的重要渠道。农产品通过网络销售能够有效地缓解当前农村销售渠道单一、农产品滞销和难卖的问题。因此，农村电商的发展成为农村销售渠道拓展的重要衡量标志。本章采用"是否具有电子商务配送站点"衡量农村产品销售渠道的发展水平。

我国农村电子商务发展较快，样本组内有12720个村庄具有电子商务配送站点，占样本总数的23.07%。如图4-4所示，其中有大学生村官在岗的村庄中，有2437个村庄具有电子商务配送站点，占比30.64%，而在无大学生村官在岗的村庄中，具有电子商务配送站点的村庄占比仅为21.80%，大学生村官在岗的村庄具有电子商务配送站点的概率远高于无大学生在岗的村庄的概率。

(a) 有大学生村官村庄　　　　　(b) 无大学生村官村庄

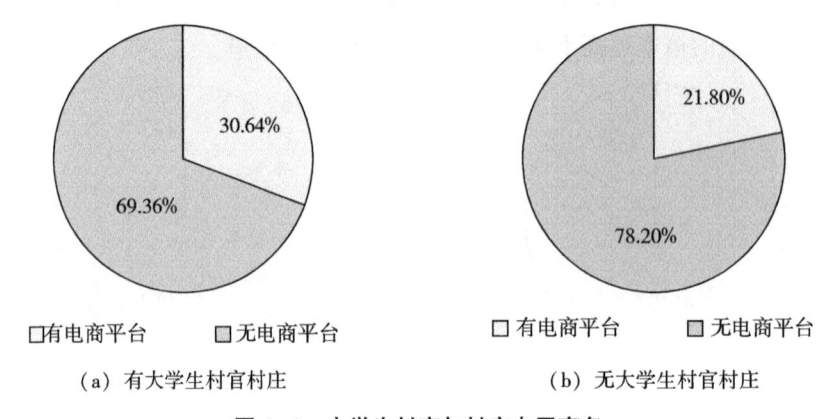

图4-4　大学生村官与村庄电子商务

资料来源：第三次全国农业普查微观数据——行政村普查数据。笔者计算而得。

3. 政策利用与政治关联公共资金支持

有效地利用惠农政策，加强与上级政府的政治关联，争取更多的资金、技术和信息支持，也是农村集体经济发展的重要渠道。本章采用"村内主要道路修建主要资金来源"衡量农村与上级政府的政治关联①,如果资金来源于政府,则与上级政府的政治关联较为紧密。

(四) 其他变量

为控制其他因素的影响,参考孙秀林(2008)[196]、郭云南等(2012)[197]、郭云南和姚洋(2013)[198]等研究,本章控制了影响村级经济发展的其他特征变量,主要包括地形、进村道路、人口、耕地、景观名村、交通、教育水平、生产条件、生活条件、宗族力量和村支书素质等。上述主要变量的描述性统计如表4-3所示。

表4-3 主要变量的描述性统计

变量名称	定义	赋值及单位	均值	标准差	最小值	最大值
村级集体收入	人均村集体收入	村集体收入除以人口,单位:万元/人	105.19	2873.75	0	30.94
大学生村官	在岗大学生村官人数	单位:人	0.15	0.42	0	12
产业发展	是否具有特色种养殖业	是=1;否=0	0.13	0.33	0	1
电商平台	是否有电子商务配送站点	是=1;否=0	0.23	0.42	0	1
政治关联	村内道路修建主要资金是否来源于政府	是=1;否=0	0.72	0.44	0	1
地形	地形水平	山地=3;丘陵=2;平原=1	1.90	0.831	1	3
进村道路	进村主要道路路面情况	柏油=1;水泥=2;砖石板=3;沙石=4;其他=5	1.27	0.59	1	5
人口	常住人口	单位:人	1486.92	1291.69	0	19137
耕地	通过验收的高标准农田面积	单位:亩	342.69	1052.81	0	111000

---

① 中国于2004年开始实施"村村通"工程,通过中央和地方财政资金投入加速农村公路的修建,但主要为进村公路。村内公路修建作为进一步的发展目标直至2018年解决农民出行"最后一公里"问题被纳入交通部的解决目标。因此,假设2018年前,村内公路修建并不属于上级政府的主要工作目标,只有政治关联较强的村落,才能从上级政府获得道路修建资金。

续表

变量名称	定义	赋值及单位	均值	标准差	最小值	最大值
景观名村	是否为全国特色景观旅游名村	是=1；否=0	0.004	0.06	0	1
交通	是否有公共交通	是=1；否=0	0.58	0.49	0	1
教育水平	小学生师比	小学在校学生数除以小学专任教师数	15.69	11.93	0	401
生产条件	能正常使用的机电井数量	单位：口	7.94	19.57	0	189
生活条件	是否通天然气	是=1；否=0	0.10	0.30	0	1
宗族力量	行政村中自然村的数量①	行政村中自然村数量的倒数	5.22	5.87	0	59
村支书素质	党支部书记受教育程度	小学及以下=1；初中=2；高中=3；大专及本科=4；本科以上=5	3.764	0.885	1	5

三、模型设计

为考察大学生村官对农村集体经济发展的影响，设定如下线性回归模型：

$$Growth_i = \alpha_0 + \alpha_1 Cgvo_i + \sum \beta_j X_j + \tau_i + \mu_i \qquad (4-1)$$

式中，i 表示样本组中的行政村；$Growth_i$ 表示行政村 i 的年末集体收入，衡量村庄的集体经济发展水平；$Cgvo_i$ 表示农村 i 中年末大学生村官在岗人数；X_j 表示其他控制变量，控制其他因素对农村经济发展的影响；τ_i 表示地区（省级）固定效应，以控制因省份政策不同导致的农村集体经济发展差异；μ_i 为随机误差项。

---

① 自然村是一个或多个以家族、户族、氏族或其他原因自然形成的居民聚居点，其起源是由村民经过长时间在某处自然环境中人们自发形成，一般情况下它只有一个姓氏，有相同的血缘关系，往往能象征为一个宗族。因此，借鉴孙秀林（2008）等相关研究，认为行政村中自然村数量越多，村落中的宗族势力越小。

为进一步检验大学生村官对农村集体经济发展的影响机制，借鉴 Baron 和 Kenny（1986）的三步法进行实证检验，具体的模型设计如下：

第一步：验证大学生村官对特色产业发展、销售渠道拓展和公共资金支持的影响：

$$Feat_i = \alpha_0 + \alpha_1 Cgvo_i + \sum \beta_j X_j + \tau_i + \mu_i \tag{4-2}$$

$$Ecom_i = \alpha_0 + \alpha_1 Cgvo_i + \sum \beta_j X_j + \tau_i + \mu_i \tag{4-3}$$

$$Expite_i = \alpha_0 + \alpha_1 Cgvo_i + \sum \beta_j X_j + \tau_i + \mu_i \tag{4-4}$$

第二步：验证大学生村官对农村集体经济发展的影响：

$$Growth_i = \beta_0 + \beta_1 Cgvo_i + \sum \beta_j X_j + \tau_i + \mu_i \tag{4-5}$$

第三步：验证特色产业发展、销售渠道拓展、公共资金支持是大学生村官影响本地农村集体经济发展的重要影响机制：

$$Growth_i = \lambda_0 + \lambda_1 Cgvo_i + \lambda_2 Feat_i + \sum \beta_j X_j + \tau_i + \mu_i \tag{4-6}$$

$$Growth_i = \lambda_0 + \lambda_1 Cgvo_i + \lambda_2 Ecom_i + \sum \beta_j X_j + \tau_i + \mu_i \tag{4-7}$$

$$Growth_i = \lambda_0 + \lambda_1 Cgvo_i + \lambda_2 Expite_i + \sum \beta_j X_j + \tau_i + \mu_i \tag{4-8}$$

式中，$Feat_i$、$Ecom_i$ 和 $Expite_i$ 分别表示本地农村的特色产业发展情况、电商平台发展和公共资金支持；τ_i 表示地区固定效应；μ_i 表示随机误差项。

第四节 实证结果与分析

一、基准结果分析

使用最小二乘法（OLS）对式（4-1）进行估计，为消除残差的异方差和自相关，采用稳健的标准误，估计结果如表4-4所示。其中，（1）列作为基准模型，控制了控制变量和地区固定效应的影响。为检验回归结果的稳健性，本章使用村庄"最低生活保障人数的比例"作为农村集体经济发展的代理变量，最低生活保障的人数比例越高表明农村集体经济发展水平越低[①]。估计结果见表4-4中（2）列。表4-4中（1）列大学生村官在1%的统计水平上显著，系数为0.159，表明在控制行政村的其他特征后，大学生村官对农村集体经济发展仍然具有显著的促进作用。稳健性回归结果列于（2）列，大学生村官变量显著，且估计系数为负，即大学生村官能够显著降低村庄最低生活保障人数的比例，从侧面验证了大学生村官在农村集体经济发展中发挥了重要作用。

然而，大学生村官在农村经济发展决策中往往发挥辅助性作用。《2016—2017中国大学生村官发展报告》显示，2016年大学生村官在岗102563人，其中担任村党支部书记和村委会主任人数分别为3841人和1256人，仅占大学生在岗人数的9.6%，全国大学生村官担任村庄实际领导人（村支书或村主任）的占比也仅有0.7%。那么大学生村官仅为助手职务时，是否依然能促进农村集体经济发展？为进一步检验大学生村官在促进农村集体经济发展中的辅助作用，本章剔除村支书或村主任受教育程度为大专及以上学历，且有大

[①] 地区最低生活保障标准由政府制定。如果农村集体经济发展越强，村庄居民能获得更多的集体收入分红，能够有效地减少村庄内最低生活保障人数。如果行政村内最低生活保障人数越多，表明该行政村的整体经济发展水平越低，农村集体经济发展越薄弱。

学生村官的村庄样本。余下村庄样本中,若存在大学生村官,则大学生村官在样本村庄中担任助手职位。估计结果如表 4-4 中 (3) 列所示,大学生村官依然在 1% 统计水平上显著,且系数为正,结果表明即便大学生村官仅担任助手职位,发挥辅助作用时,其依然能显著推动农村集体经济发展[1]。

另外,为检验大学生村官对农村集体经济发展的促进作用是否存在地区异质性,本章将样本组按照"东中西"进行分组[2],检验结果如表 4-4 中 (4) ~ (6) 列所示。分组回归结果表明,大学生村官对农村集体经济发展的作用具有地区上的稳健性,东、中、西部的大学生村官均存在显著影响,但其影响的大小存在异质性。相比中部地区的农村,大学生村官对东部和西部的农村集体经济发展的推动作用较大。这一结果目前尚未能科学有效地加以解释,其异质性效果值得在未来的研究中进一步揭示。综上所述,在当前实施乡村振兴的战略背景下,有效地实施大学生村官政策,成为农村集体经济发展和乡村振兴的重要途径。

表 4-4 基准回归结果

变量	集体收入	最低保障	辅助作用	东部地区	中部地区	西部地区
	(1)	(2)	(3)	(4)	(5)	(6)
大学生村官	0.159***	-0.002**	0.125***	0.477***	0.062*	0.301***
	(0.032)	(-0.001)	(0.022)	(0.033)	(0.032)	(0.033)
地形	-0.092***	0.012***	-0.056***	-0.083***	-0.046***	-0.317***
	(0.019)	(0.001)	(0.010)	(0.015)	(0.015)	(0.020)

---

[1] 受指标限制,无法通过剔除样本的方式,直接检验大学生村官担任村庄领导人时在促进农村集体经济发展中的领导作用。考虑到基层管理者的决策行为与其职位高低有密切关系,基层管理者职位越高,权力越大,其决策能力越强。因此,检验大学生村官担任助手职位时促进农村集体经济的作用,如果其作用是显著的,则大学生村官担任村支书或村主任时对农村集体经济发展的作用会更加显著。即 (3) 列估计结果提供了大学生村官促进农村集体经济发展作用的下限。

[2] 根据国家统计局的划分标准,西部包括甘肃、宁夏、青海、新疆、陕西、四川、重庆、贵州、云南、内蒙古、广西和西藏;中部包括安徽、江西、河南、湖北、湖南、吉林、山西和黑龙江;东部包括江苏、浙江、山东、北京、上海、天津、广东、辽宁、海南、福建和河北。

续表

变量	集体收入 (1)	最低保障 (2)	辅助作用 (3)	东部地区 (4)	中部地区 (5)	西部地区 (6)
进村道路	0.0895 (0.069)	-0.019*** (0.003)	0.071* (0.037)	0.763*** (0.097)	0.133* (0.078)	-0.313*** (0.051)
人口	0.0002*** (1.0e-05)	-4.8e-06*** (2.9e-07)	0.0003*** (7.3e-06)	0.0004*** (0.000)	0.0003*** (0.000)	0.0001*** (0.000)
耕地	-4.1e-06 (7.7e-06)	-1.3e-08 (2.3e-07)	4.4e-06 (4.5e-06)	0.0001 (0.000)	0.0002*** (0.000)	3.1e-05*** (0.000)
旅游名村	0.424* (0.228)	0.005 (0.005)	0.228* (0.127)	0.076*** (0.023)	-0.045 (0.141)	0.061* (0.026)
交通	0.215*** (0.024)	-0.005*** (0.001)	0.249*** (0.013)	0.409*** (0.023)	0.300*** (0.021)	0.091*** (0.024)
教育水平	0.004*** (0.001)	-6.6e-05* (-3.5e-05)	-0.006*** (0.001)	0.011*** (0.002)	-0.012 (0.001)	0.011*** (0.002)
生活条件	0.013** (0.005)	-2.6e-05** (-1.2e-05)	0.335*** (0.028)	0.011*** (0.001)	0.005*** (0.001)	0.001 (0.001)
生产条件	0.056*** (0.006)	-0.007*** (0.001)	-0.001 (0.0003)	0.056*** (0.004)	0.468*** (0.058)	0.276*** (0.034)
宗族力量	-0.010*** (0.002)	0.0001* (6.3e-05)	0.195*** (0.023)	0.0163*** (0.002)	0.008*** (0.002)	-0.003 (0.003)
村支书受教育程度	0.096*** (0.013)	-0.002*** (0.0005)	0.119*** (0.008)	0.234*** (0.013)	0.120*** (0.013)	0.057*** (0.014)
常数项	4.714*** (0.231)	0.043*** (0.005)	3.541*** (0.093)	-0.085 (0.111)	0.996*** (0.099)	2.619*** (0.091)
地区固定效应	控制	控制	控制	控制	控制	控制
观测值	49135	49135	46091	22288	17244	15842

注：括号内为标准误；***、**和*分别表示在1%、5%和10%的显著性水平下显著。

二、稳健性检验

(一) 倾向得分匹配方法 (PSM)

表4-4估计结果表明,基于大样本的估计结果具有稳健性。为了进一步排除可能存在的模型设定偏差、多重共线性等问题对估计结果的影响(Rubin,1997)[199],采用因果推断分析框架中的PSM方法对大学生村官政策的效应进行稳健性分析。相比传统OLS、工具变量和Heckman两步法,PSM能够有效地解决样本自选择的偏误问题,并且在处理内生问题时,没有模型形式设定、参数以及解释变量外生的限定(胡安宁,2015;张永丽等,2018)[200-201]。并且,样本容量(55125)较大,能够实现高质量的匹配结果和较为精确的估计结果,满足PSM的数据要求。

具体而言,这里对核心解释变量大学生村官进行0~1变量处理,即对于拥有大学生村官的行政村,赋值为1;否则,赋值为0。首先,通过Probit回归,利用村级特征控制变量测算村庄拥有大学生村官的概率;其次,根据估计出的倾向值得分,利用不同的匹配规则来考察大学生村官变量对农村集体经济的影响;最后,通过敏感性分析,评估回归结果的稳健性。为保证匹配质量及估计结果的可靠性,进行了共同支撑和平衡性趋势检验,结果如图4-5和表4-5所示。检验结果表明匹配后倾向得分区间范围重叠变大,并且满足平衡性假设。

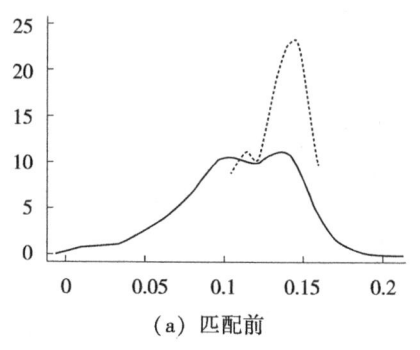

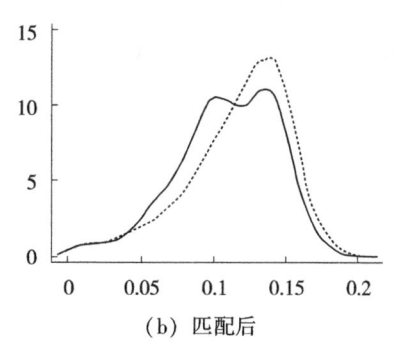

(a) 匹配前　　　　　　　　(b) 匹配后

图4-5　概率密度图

表 4-5 匹配质量检验

样本分组	样本匹配	伪 R^2	卡方	偏差均值	B 值（%）	R 值
大学生村官组	匹配前	0.043	1762.51	11.7	53.2	1.32
	最近邻匹配	0.001	22.41	1.6	7.9	1.08
	卡尺匹配	0.000	4.91	0.6	3.7	0.99
	核匹配	0.001	20.02	1.6	7.4	1.02

注：B 值表示处理组与对照组之间偏差均值的标准化差异，R 值表示处理组与对照组之间偏差均值方差值之比；B 值小于 25%，同时 R 值在 [0.5, 2] 内时匹配质量较高。

本章使用最近邻匹配、卡尺匹配和核匹配方法，估计了大学生村官对农村集体经济的影响，估计结果如表 4-6 所示。估计结果显示匹配方法对匹配结果的影响并不显著（Caliendo and Kopeinig, 2008；简必希、宁光杰, 2013）[202-203]，大学生村官变量对农村集体经济发展具有显著的促进作用。对比匹配前的平均处理效应，经过三种匹配之后，大学生村官对农村集体经济发展的平均处理效应由 0.546 分别显著下降到 0.317、0.299 和 0.329，这表明倾向得分匹配方法有效消除了其他因素的影响，平均处理效应的差异主要来自大学生村官的影响。计算可得大学生村官对农村集体经济发展的平均效应为 0.315，即拥有大学生村官的村庄的集体经济发展水平比没有大学生村官的村庄高 31.5%，可见大学生村官对农村集体经济发展的促进作用十分显著。为检验估计结果的稳健性，对三种匹配方法的参数进行稳健性检验，参数稳健性结果显示，不同的参数设置对估计结果的符号和显著性方面并没有显著的影响，表明 PSM 回归结果较为稳健。

表 4-6 大学生村官与农村经济发展匹配

匹配方法	匹配状态	实验组	对照组	平均处理效应	标准误	T 值
最近邻匹配	匹配前	2.867	2.320	0.546***	0.019	27.74
	匹配后	2.865	2.548	0.317**	0.029	10.75
卡尺匹配	匹配前	2.867	2.320	0.546***	0.019	27.74
	匹配后	2.867	2.567	0.299***	0.022	13.60

续表

匹配方法	匹配状态	实验组	对照组	平均处理效应	标准误	T值
核匹配	匹配前	2.867	2.320	0.546***	0.019	27.74
	匹配后	2.867	2.537	0.329***	0.021	15.05

注：***、**和*分别表示在1%、5%和10%的显著性水平下显著。

（二）大学生村官数量的边际效应估计

上述实证结果表明，大学生村官能够显著推动农村集体经济发展。那么，当前农村大学生村官数量是否越多越好呢？上述 PSM 结果仅是大学生村官工作推动农村集体经济发展的平均处理效应，无法反映出大学生村官数量影响农村集体经济发展的边际效应；而 OLS 基准结果虽然反映了大学生村官数量的边际效用，但其假设大学生村官数量的影响是线性的，实际上大学生村官的作用可能是非线性影响。因此，本章采用广义倾向得分匹配法（Generalized Propensity Score Method，GPSM）估计大学生村官数量对农村集体经济发展的边际效用。GPSM 突破了 PSM 处理变量必须是二元选择变量的约束，同时保留 PSM 消除自选择效应的优势（Brown et al.，2021）[204]，在保留更多有效信息的前提下，进一步解决内生性问题（Kluve et al.，2012；韩佳丽等，2018）[205-206]。

图 4-6 汇报了 GPSM 匹配方法得到的大学生村官数量和农村集体经济发展水平之间的关系，图 4-6（a）为剂量冲击函数，图 4-6（b）为不同大学生村官数量对农村集体经济发展的影响（边际效用函数）。图 4-6（a）中，大学生村官数量与农村集体经济发展水平呈现非线性关系，随着大学生村官数量从无到有、从少到多，农村集体经济发展水平"先上升后下降"，其拐点位于大学生数量为 7 时。但值得注意的是，在大学生村官数量超过 6 后，平均剂量冲击函数的置信区间发生膨胀，统计显著性受到影响。其主要是由于大学生村官数量超过 6 的样本较少（只有 16 个），影响估计结果统计上的显著性（康志勇等，2018）[207]。因此，大学生村官数量与农村集体经济发展水平可以视为存在正向关系。另外，图 4-6（b）显示在 [0，6] 区间内，大学

生村官数量的边际影响存在明显的拐点（大学生村官数量为2）。这可能是因为大学生村官超过一定数量会导致村内决策的沟通成本上升，降低村级行政效率，从而影响农村集体经济发展。

然而，现实中农村在岗大学生村官的数量基本上是一村一名，那么政府需要增加每个村庄的大学生村官数量吗？事实上并不需要，虽然大学生村官数量在达到7时，对农村集体经济发展的促进作用达到最高，但是大学生村官数量为2时对农村集体经济发展的边际效用最高，高于2时，每个大学生村官的边际效用开始下降。2016年底，拥有在岗大学生村官行政村的比例仅为14.83%，在当下绝大部分农村依然缺乏大学生村官的指导和帮助，以及在岗大学生村官数量不断下降的双重困境下，一村一名大学生村官仍然是大学生村官资源最为有效的配置方式。因此，政府在支持大学生村官政策推进中，不仅应鼓励广大大学生担任村官，承担社会责任，还应有效配置大学生村官资源，将大学生村官放置到最合适的位置，继续坚持"一村一名大学生村官"计划。

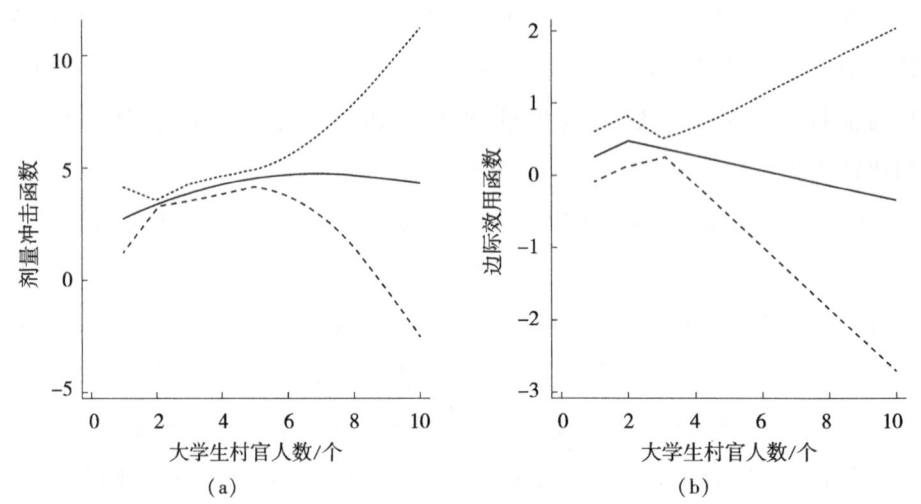

图4-6 大学生村官数量与农村集体经济发展的剂量冲击与边际效用函数
注：虚线表示95%置信区间。

(三) 其他稳健性检验

1. 随机样本抽样检验

由于没有在岗大学生村官的村庄中可能存在少量样本曾经拥有大学生村官，而大学生村官的致富项目可能会对农村集体经济发展产生长期影响，样本的偏差可能会带来估计结果的偏差。为进一步克服样本偏差问题，在没有在岗大学生村官和拥有在岗大学生村官的样本中分别随机抽取10%的样本，并随机抽取100次，重新进行回归，检验上述结果的稳健性。随机抽样检验结果如图4-7所示，100次随机抽样中核心自变量（大学生村官）均显著且系数为正，系数估计值的分布较为集中，主要分布于 [0.08, 0.13]，这与上文的估计结果并无显著差异，表明样本组内即便存在少量样本偏差，但估计结果依然较为稳健。

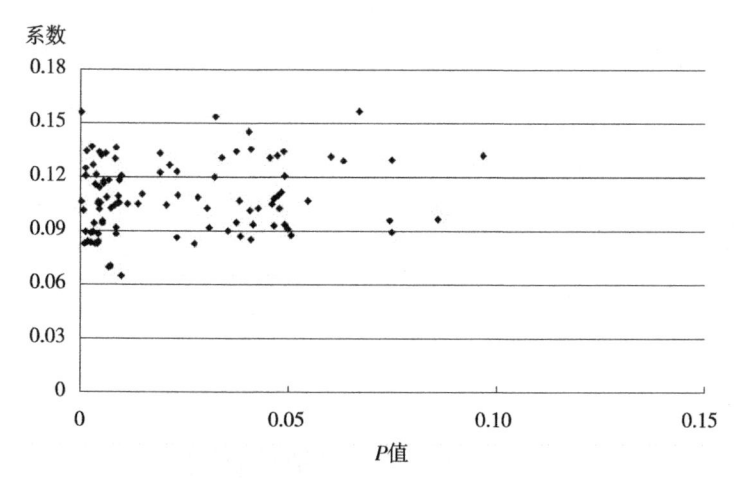

图 4-7 100 次随机抽样检验结果

2. 政策外生性检验

如果大学生村官政策内生，即经济发展水平越高（低）的村庄越可能被分配大学生村官，则上述估计结果有偏。为检验大学生村官政策实施的外生性，以大学生村官二元变量为因变量，行政村村集体收入为核心自变量，进行 Logit 回归。估计结果显示，不同估计方法下村级集体收入变量均不显著，说明大学生村官政策实施外生。

3. 安慰剂检验

为进一步验证上述结果的稳健性，通过虚构处理组的方式进行安慰剂检验。具体而言，排除存在在岗大学生村官的样本，并在没有在岗大学生村官的村庄样本中随机选择 3000 样本作为虚构的实验组，假设其存在在岗大学生村官，并进行 PSM 回归。如果在虚构处理组方式下，PSM 的结果仍然显著，说明上述的估计结果可能存在偏误。安慰剂检验结果如表 4-7 所示，估计结果显示不同匹配方法下的估计结果均不显著，安慰剂检验通过，从反方面支持上述结果的稳健性，即大学生村官工作对农村集体经济发展具有显著的促进作用。

表 4-7 安慰剂检验结果

匹配方法	实验组	对照组	平均处理效应	标准误	T 值
匹配前	2.987	2.292	0.695***	0.137	5.07
最近邻匹配	2.985	2.648	0.337	0.229	1.47
卡尺匹配	2.984	2.720	0.264	0.197	1.340
核匹配	2.985	2.737	0.248	0.174	1.425

注：***、**和*分别表示在1%、5%和10%的显著性水平下显著。

第五节　影响机制和制约因素分析

一、影响机制分析

大学生村官是实现乡村振兴战略的重要支撑，在推动农村集体经济发展中作用显著，但大学生村官对农村集体经济发展的内在作用机制是怎样的？

本章从大学生村官的工作职能的角度出发，认为大学生村官对农村集体经济发展的影响主要通过大力发展农村特色产业、拓展销售渠道和利用公共资金扶持促进经济发展。影响机制检验方程的估计结果如表4-8和表4-9所示。

表4-8列示了特色产业的中介作用，其中（1）列首先检验了大学生村官对农村特色农业发展的直接作用，结果表明大学生村官对农村特色农业发展有显著的促进作用。（2）列为第二步回归结果，结果表明大学生村官工作显著促进了农村集体经济发展，但是具体影响机制仍然还需要第三步的检验。（3）列将特色农业和大学生村官同时纳入回归后，特色农业和大学生村官变量依然显著，但大学生村官的系数明显降低（由0.159降至0.143），结果表明大学生村官能够通过影响本地特色农业的发展促进农村集体经济发展。为检验大学生村官发展致富项目的工作对农村集体经济发展的影响，本章对农村旅游业发展进行稳健性检验，采用农村旅游人数作为代理变量，估计结果见表4-8中（4）~（6）列。结果显示，大学生村官能显著推动农村地区旅游业发展，进而推动农村地区经济发展，这表明大学生村官能够更有效地利用本地资源禀赋发展特色产业，从而推动农村地区经济发展。至此，假设H2得证。

表4-8 影响机制检验结果（一）

变量	(1) 特色产业	(2) 发展水平	(3) 发展水平	(4) 乡村旅游	(5) 发展水平	(6) 发展水平
大学生村官	0.218** (0.054)	0.159*** (0.032)	0.143*** (0.031)	0.155*** (0.047)	0.159*** (0.032)	0.132*** (0.031)
特色农业	—	—	0.073** (0.023)	—	—	—
旅游	—	—	—	—	—	0.174*** (0.009)
控制变量	控制	控制	控制	控制	控制	控制
地区固定效应	控制	控制	控制	控制	控制	控制
观测值	6006	49135	5396	4839	49135	4608

注：括号内为标准误；***、**和*分别表示在1%、5%和10%的显著性水平下显著。

表4-9列示了渠道拓展和公共资金支持的中介作用，估计结果见（1）~（6）列，大学生村官能显著推动农村电商平台的发展和增加获得公共资金支持的概率，而电商平台的发展和公共资金支持有效地促进了农村集体经济发展。将电商平台和公共资金支持分别纳入回归后，大学生村官的系数虽然依然显著，但系数的绝对值明显下降（由0.159下降至0.114和0.125），这表明发展电商平台和获得公共资金的支持是大学生村官发展农村集体经济的重要影响渠道，假设H3和H4得证。综上所述，大学生村官的工作能够通过有效地增加本地农村发展特色产业、销售渠道和获得公共资金支持的概率，促进农村集体经济发展。

表4-9　影响机制检验结果（二）

变量	(1) 渠道扩展	(2) 发展水平	(3) 发展水平	(4) 政治关联	(5) 发展水平	(6) 发展水平
大学生村官	0.275*** (0.030)	0.159*** (0.032)	0.114*** (0.029)	0.471*** (0.026)	0.159*** (0.032)	0.125*** (0.030)
电商平台	—	—	0.162*** (0.027)	—	—	—
公共资金	—	—	—	—	—	0.071*** (0.022)
控制变量	控制	控制	控制	控制	控制	控制
地区固定效应	控制	控制	控制	控制	控制	控制
观测值	55125	49135	49135	18815	49135	17369

注：括号内为标准误；***、**和*分别表示在1%、5%和10%的显著性水平下显著。

二、制约因素分析

上述研究发现，大学生村官工作能有效地促进农村集体经济发展，然而现有研究很少关注大学生村官发挥推动农村经济发展作用中的制约因素。故有必要进一步探讨，什么因素制约大学生村官效应的发挥。事实上，大学生村官的工作能否提高本地农村集体经济的发展，关键在于村庄地理环境（资源禀赋)、村庄规模和现任村干部的素质和配合。在资源禀赋较差,人口较多以及村干部素质较低的村庄,大学生村官往往很难依靠个人拥有的人力资本和社会资本促进农村集体经济发展。

为了检验大学生村官在促进农村集体经济发展中的制约因素,将样本根据地区资源禀赋、人口规模和本地村干部的素质进行分组回归,分析不同条件下大学生村官对农村集体经济发展促进作用的异质性。选择"农村地形"表示地区的资源禀赋状态,假设平原地区的资源禀赋最为优越。山地地区的旅游资源虽然相对丰富,但耕地面积相对较小,与市场的外部联系十分薄弱,农村发展可利用的实际资源往往低于平原和丘陵地区。选择"农村人口"三分位对村庄规模进行分组,人口越多,村庄规模越大,大学生村官越难以将农村有限的资源统一利用。按照"村支书受教育程度"对本地农村干部的素质和配合度分组,村支书受教育程度越低可能越难以配合大学生村官工作的开展。

表4-10列示了不同分组下大学生村官作用所呈现的显著差异。在山地和村支书受教育程度较低的村庄,大学生村官对农村集体经济发展的估计系数变得不再显著。如果农村地形为平原,且村支书受教育程度不断提升,大学生村官开始逐渐发挥作用。本地农村的资源禀赋太差,大学生村官即使有致富项目也难以顺利开展,并且本地农村干部素质较低,也难以有效地配合大学生村官工作的顺利开展,甚至可能掣肘大学生村官的工作。从行政村规模分组的估计结果来看,大学生村官在规模较小、人数较少的村中发挥的作用更大。大学生村官的能力仍然是有限的,随着农村规模的扩大,大学生村官对农村资源的整体把握程度变得相对困难,致富项目开展的沟通成本会相对提升。

表4-10 异质性检验结果

	分组	匹配状态	平均处理效应	标准误	T值	观测值
地形	平原	匹配前	0.950***	0.034	27.76	16325[a]
		匹配后	0.462***	0.052	8.88	2889[b]

续表

分组		匹配状态	平均处理效应	标准误	T值	观测值
地形	丘陵	匹配前	0.378***	0.032	11.51	13400[a]
		匹配后	0.145***	0.050	2.86	2125[b]
	山地	匹配前	0.203***	0.032	6.18	12160[a]
		匹配后	0.071	0.050	1.42	2206[b]
规模	人口≤795	匹配前	0.313***	0.037	8.31	14402[a]
		匹配后	0.269***	0.055	4.84	1552[b]
	795<人口≤1626	匹配前	0.302***	0.033	9.07	14317[a]
		匹配后	0.213***	0.048	4.40	2155[b]
	人口>1626	匹配前	0.511***	0.030	16.56	13118[a]
		匹配后	0.202***	0.045	4.71	3514[b]
村支书受教育程度	小学及以下	匹配前	0.347***	0.249	1.39	440[a]
		匹配后	0.063	0.392	0.16	52[b]
	初中	匹配前	0.043***	0.023	18.73	31942[a]
		匹配后	0.275***	0.034	8.07	4595[b]
	高中[c]	匹配前	0.496***	0.039	12.65	7859a
		匹配后	0.231***	0.057	4.05	2403[b]

注：[a]表示对照组的观测值，即没有大学生村官的村庄数；[b]为实验组的观测值，即存在大学生村官的村庄数量；[c]由于大学生村官在任期的第二年可能会担任村党组织书记，因此样本中将村支书的受教育程度在本科及以上的样本进行剔除；***、**和*分别表示在1%、5%和10%的显著性水平下显著。

第六节　本章小结

乡村振兴，人才是关键。如何有效建设高素质的农村基层干部队伍，担负起农民致富、村落经济发展和乡村振兴的历史重任，成为当前建设有中国特色社会主义新农村的关键。大学生村官作为高素质村干部的储备和代表性群体，是提升农村基层管理团队素质的重要渠道，承担着农村政策推进、技术升级和经济发展的重要任务。研究大学生村官对于农村集体经济的影响效应，对于评估大学生村官政策和乡村振兴未来政策制定与实施具有重要意义。本章利用2016年中国第三次农业普查中行政村调查数据，实证评估了大学生村官对农村集体经济发展的影响。研究发现：首先，大学生村官能够通过发展致富项目、优化农村产业结构、拓展销售渠道和利用公共资金扶持等渠道显著促进农村集体经济发展。其次，村级固有的资源禀赋、规模和村干部素质是制约大学生村官发挥农村集体经济增长效应的重要因素。最后，大学生村官对农村集体经济增长的边际效应随数量的增多先上升后下降，当村庄大学生村官数量为2时，大学生村官数量的边际增长效应达到最高。稳健性、内生性和安慰剂检验证实了上述发现。

人力资本是农村经济增长的重要源泉（Awokuse and Xie，2015）[208]，继续发挥大学生村官的人才资本的经济溢出效应，成为乡村振兴和建设中国特色社会主义新农村的重要途径。基于以上研究结论，得出政策启示如下：首先，当前具有大学生村官的行政村比例仍然较低，约为14.83%（2016年），政府应该继续实施大学生村官政策，增加大学生村官职位的政策吸引力，吸引大学生积极参与到农村建设和乡村振兴战略中，充分发挥大学生村官对农村集体经济增长的边际效应；其次，大学生村官资源在分配过程中应该注重"公平和效率"，政府应该有效配置当前有限的大学生村官资源，原则上坚持"一村一名大学生村官"计划，避免大学生村官的"扎堆"现象，发挥大学生村官对农村集体经济发展最大的边际促进效应；最后，正确认识大学生村官在促进农村集体经济发展中受到的外部环境制约，避免对大学生村官"一刀切"的考核标准，肯定其在农村集体经济发展中的重要作用，对于自然环境恶劣、教育水平较低的农村，政府应该对大学生村官的工作给予更多支持，帮助克服大学生村官工作中的制约因素。研究结论对于完善大学生村官政策、促进农村经济发展和实施乡村振兴战略具有重要意义。

第五章

组织变革能促进农村集体经济发展吗?
——基于"两委兼任"视角

农村集体经济的发展不仅依赖于资源要素的投入,更深层地嵌套于乡村基层治理结构与组织运行机制之中。近年来,随着农村治理现代化进程加快,"两委"班子成员交叉任职(即村党组织与村民委员会成员的兼任)成为推动组织变革的重要形式。该制度的安排旨在打破村级组织内部的权责分割与协调障碍,提升村级治理的合力与效率,进而激发农村集体经济的发展潜能。本章从"两委兼任"的制度实践出发,分析其在组织整合、决策效率与资源配置等方面对农村集体经济的影响机制。通过构建理论分析框架并结合县域和村级层面的实证数据,实证检验了村"两委""一肩挑"治理模式对农村集体经济发展的影响。研究发现:首先,在克服内生性以及农村集体经济的原始差异问题后,"一肩挑"治理模式能够显著地促进农村集体经济发展,尤其是在村庄资源禀赋较高、人口规模适中、村支书年轻、受教育程度较高的环境下;其次,异质性检验发现村支书的年轻化与素质化是克服"一肩挑"制约因素的影响的有效途径;最后,影响机制检验结果表明,"一肩挑"治理模式能够通过提高行政管理效率等渠道促进农村经济发展。研究结论不仅丰富了对农村组织变革的理解,也为探索"党建引领下的乡村振兴"提供了现实依据。

第一节 引 言

发展壮大农村集体经济是强农业、美乡村、富农民的重要抓手，是实现乡村振兴战略的必由之路（刘承、范建刚，2025；施显帅、陈萍萍，2025）[209-210]。作为乡村振兴战略实施的"政治保障"，有效的乡村治理模式影响着农村经济发展方式、政策实施和公共服务（赵早，2020；王文龙，2019；单琳琳，2022）[211-213]。然而，传统的村委会和村党支部（以下简称"两委"）"两委分治"的治理模式弊端不断，村"两委"在权力、职能和利益上冲突加剧，难以发挥党在乡村振兴中的领导核心作用（徐增阳、任宝玉，2002；程同顺、史猛，2019）[214-215]，严重影响了农村社会治理效果与农村集体经济发展，难以保障乡村振兴战略的顺利实施。为实现乡村"治理有效"，保障乡村振兴战略实施，2019年中央一号文件明确提出"全面推行村党组织书记通过法定程序担任村委会主任和农村集体经济组织、合作经济组织负责人"，将地方探索的新型两委"一肩挑"乡村治理模式上升为国家意志。那么新型的"一肩挑"治理模式能否推动农村集体经济发展，进而保障乡村振兴的顺利实现呢？该治理模式的制约因素和影响机制又是什么？对此进行研究有助于厘清基层治理政策与农村经济发展之间的关系，为新型基层治理模式的选择提供经验证据和政策参考，对实现乡村治理有效、保障乡村振兴战略实施具有重要意义。

在中央鼓励和倡导"一肩挑"模式的背景下，地方对行政村"一肩挑"治理模式进行了不断探索。截至2017年底，全国村党组织书记（以下简称村支书）和村委会主任"一肩挑"的比例达30%，海南、湖北等个别省比例已经超过95%。2018年发布的《乡村振兴战略规划（2018—2022年）》进一步提出，全国村党组织书记、主任"一肩挑"的比例至2020年要达到35%、2022年要达到50%。虽然"一肩挑"治理模式在农村基层管理中不断推进，但其对村级经济发展的促进作用仍未达成共识。理论界普遍认为，基层管理中民主是影响组织资源配置效率和经济增长的重要因素（Timmons，2010；Mohammadi et al.，2023）[216-217]。尽管"一肩挑"能够有效地解决"两委"矛盾，减少村级财政支出，实现有序管理，提高村镇管理效率（许亚敏，2020；董江爱和崔培兵，2010；易新涛，2020；姚锐敏，2020；陶周颖、郑琦，2024；董江爱和郝丽倩，2021）[218-223]，但"一肩挑"治理模式会带来基层管理权力集中，导致在职务冲突时难以挣脱，并容易导致村级权力腐败（白钢，2001；吴思红和陈琳，2015；曲浩文，2020）[224-226]，抑制村庄治理效果和农村集体经济发展。以往文献关于"一肩挑"的思考仍然无法预测这些影响中哪些将占主导地位，考虑到上述研究均是在理论层面定性分析描述"一肩挑"治理模式的利弊，因此，"一肩挑"治理模式对农村集体经济的影响仍然不能确定，需要进行新的实证研究。

虽然"一肩挑"现实的农村集体经济效应评估具有重要的现实意义，但由于数据受限，现有实证研究尚集中在农村基层治理主体即村干部对农民收入、农村经济发展和农村治理效果的影响（李俊斌、于鑫，2023；于潇、Peter Ho，2014；张志原等，2019；贾晋、李雪峰，2019；梅继霞、向丽明，2023；周康逸、刘艳萍，2025）[227-232]。即便有少数从乡村治理模式出发的实证研究（叶静怡、韩佳伟，2018；刘宇翔，2019）[233-234]，也主要关注了对村民收入的影响，而忽视了对农村集体经济的关注。并且，相关研究的样本数量也较少，多来源于中国局部省份村落数据，样本的显著差异也使仅有的研究结论尚未统一，无法进行一般意义上的推论。例如，朱婷婷和谭涛（2017）通过262个村庄的调研数据发现，两委"一肩挑"阻碍了村庄发展[235]；叶静怡和付明卫（2012）基于2005年全国村民自治现状抽样调查数据，却发现"一肩挑"能显著提高村治效果[236]。目前，现有研究多是基于多元回归模型，没有进行有效的因果推断，在研究内容上也仅仅关注了"一肩挑"模式的经济社会影响，而忽视了其异质性影响、制约因素和作用机制研究，无法对当前我国全面推行和完善"一肩挑"治理模式提供有益的理论依据。

综上所述，科学地评估"一肩挑"治理模式的整体经济效应和异质性影响，分析其制约因素与作用机制，对于推动和完善"一肩挑"治理模式，推动农村集体经济发展和乡村振兴，具有切实的必要性。因此，本章从农村集体经济视角出发，考察"一肩挑"治理模式是否能够推动农村经济发展，保障乡村振兴战略顺利实施。如果能，其影响是否存在异质性，影响机制又是什么？如果不能，影响其作用发挥的制约因素又有哪些？基于第三次全国农业经济普查的54623个行政村抽样数据，研究发现："一肩挑"的乡村治理模式能够显著地促进农村集体经济发展，但影响存在显著的异质性，受到村庄规模、资源禀赋、村干部年龄与受教育程度的制约；村支书的年轻化与素质化是克服"一肩挑"制约因素影响的有效途径；影响机制检验结果表明，社会各界的广泛担忧并不存在，"一肩挑"乡村治理模式并不会导致更多的农村经济腐败，并通过提高行政效率、加强政治关联等渠道促进农村集体经济发展。

除上述政策含义外，研究内容还在如下方面对文献做出边际贡献：（1）从农村集体经济视角，定量评估"一肩挑"治理模式的社会经济效应，为现有定性分析研究提供了实际证据支持。（2）样本数据来自第三次全国农业普查。基于第三次农业普查的行政村数据的抽样数据，包含全国5万余个行政村数据，与以往局部省份和小样本调研数据相比更具代表性和准确性，研究结论更具一般性和稳健性，能够为全面推行和完善"一肩挑"治理模式提供经验证据和政策参考。

第二节 政策背景与理论分析

一、政策背景

"一肩挑"治理模式是我国新时期创新性的乡村治理模式，指村党支部书记通过法定程序担任村委会主任，两个职位"一肩挑"。"一肩挑"的发展主要经历三个阶段：第一阶段（1988—2002年），地方探索阶段。自1988年村民自治制度推行之后，农村"两委"之间因权力来源不同导致矛盾摩擦加剧。为解决"两委"矛盾，自村委会组织法实施前后，山东、广东、海南等省在一定程度和范围内实施"一肩挑"模式（唐鸣、张昆，2015）[237]，并在实践中形成了从主任到书记的"威海模式"和从书记到主任的"顺德模式"。第二阶段（2002—2018年），政策提倡阶段。在各地基层实践探索成功的基础上，2002年中央发文提倡"拟推荐的村党支部书记人选，先参加村委会的选举，获得群众承认以后，再推荐为党支部书记人选；如果选不上村委会主任，就不再推荐为党支部书记人选"，①鼓励在村委会换届选举中实行两委交叉任职。第三阶段（2019年之后），全面推行阶段。为保障乡村振兴战略的顺利实施，解决乡村治理模式中农村党支部涣散、带头作用不足、"两委"摩擦加剧等问题，2019年中央一号文件中明确提出"全面推行村党组织书记通过法定程序担任村委会主任"，要求全面加强党的领导，强化农村基层党组织作用，并将其写入《乡村振兴战略规划（2018—2022年）》，将"一肩挑"政策从各省自发试点正式升级为国家政策，并要求全国"一肩挑"的比例到2020年要达到35%、到2022年要达到50%。

在保障村民自治的原则下，各地实现乡村"一肩挑"模式的路径并不一致，主要为"两票制"和"两选联动机制"，分别从"村支书到村主任"与"村主任到村支书"来实现"一肩挑"。具体而言，一是鼓励有才能的支书参加村委会主任竞选，竞选成功则直接实现"一肩挑"；二是通过支部改选，把竞选成功的村主任推选为村支书，间接实现"一肩挑"。针对当选村主任不是党员的情形，则积极培养和争取这样的村主任入党。与两委分治的传统乡村治理模式相比，"一肩挑"治理模式能够有效地简化乡村治理结构，实现行政效率的提高。另外，"一肩挑"的村支书对上接受上级党委和政府的领导和指导，对下接受群众和党内党员的监督，实现了权力监督的自上而下和自下而上的统一。

---

① 《中共中央办公厅、国务院办公厅关于进一步做好村民委员会换届选举工作的通知》（中办发〔2002〕14号）。

二、影响机制与研究假设

一方面,"一肩挑"作为新型的乡村治理模式,保障了党支部自上而下和自下而上的权力来源,加强了党的全面领导,减少了村"两委"因权力来源不同造成的摩擦推诿,降低了行政成本,提高了行政效率,对上负责能贯彻落实好相关经济发展政策,对下负责能保护村民利益,带动村民致富。同时,"一肩挑"也有利于吸收人才,提升村干部的整体素质,使村干部能通过发挥其自身影响力带动经济发展。另一方面,"一肩挑"带来的权力集中,是否会加剧经济腐败,阻碍农村经济发展和乡村振兴战略实施,成为学术界和社会的广泛担忧。因此,"一肩挑"的乡村治理模式对经济发展的影响仍然需要进一步实证检验,并且受制于"一肩挑"主体素质、村庄资源禀赋、规模等因素,"一肩挑"的政策效果可能存在异质性。因此,提出以下待检验的研究假设 H1:

H1:"一肩挑"模式能促进农村经济发展,但受村干部素质、村庄资源禀赋等因素的制约,政策效果存在异质性。

"一肩挑"作为新型乡村治理模式对农村经济发展会产生重要影响,但"一肩挑"对农村经济发展的内在作用机制如何?虽然目前已有关于"一肩挑"对乡村治理效果和经济增长的研究,但其作用机制尚未得到实证检验。参考现有文献,与"两委"分治模式相比,"一肩挑"的治理模式能够解决"两委"矛盾,减少村级财政支出,实现有序管理,提高村镇管理效率(许珂、彭丹阳,2024;魏素豪,2024;谷华菁、张会萍,2025;易卓、崔盼盼,2025)[238-241]。因此,本章从村级财政支出、村行政管理效率角度,分析"一肩挑"治理模式对农村集体经济发展的影响机制,具体如下:

虽然现在村级财务由镇政府监管和进行财政审计,这对杜绝贪污、坐支、挪用等腐败现象的发生起到了一定的作用。但是在一些地方仍然存在农村集体产权虚置、账目不清、分配不公开、管理不透明,导致集体资产被挪用、侵吞、贪占的现象时有发生,严重影响了农村集体经济的发展。而"一肩挑"

模式通过村党委书记兼任村委会主任和农村集体经济组织负责人，通过党内监督，和党员在农村建设中的先锋模范作用，能够有效减少农村集体经济的浪费和腐败行为。另外，"一肩挑"模式还能够有效地精简村干部的岗位，减少工资性支出，减少村集体收入的开支。至此，提出待检验的假设 H2：

H2："一肩挑"模式能够通过精简岗位、加强党内监督的形式，减少农村集体经济的浪费，促进农村集体经济的发展。

农村集体经济的发展需要基层治理主体的决策与指导，而"一肩挑"的乡村治理模式能够有效减少致富项目决策过程中的推诿扯皮和相互掣肘行为，提高农村经济决策的效率，能够充分利用资源优势发展致富项目，从而推动农村集体经济发展。此外，农村税费改革后，农村获得公共资源主要是通过"项目制"这一新型国家治理体制渠道进行获取（渠敬东，2012）[242]。"一肩挑"带来的决策效率提高，使"项目制"的决策与申请将更有效率，从而为农村集体经济发展获得更多的公共资金的支持。至此，提出待检验的假设 H3：

H3："一肩挑"模式能够通过提高行政管理效率，推动农村集体经济发展。

第三节 研究设计

一、数据来源

本章采用的数据来源于 2016 年第三次全国农业普查的行政村调查数据。该调查搜集了行政村的多方面信息，包括村基本信息、土地经营流转、社会

第五章 组织变革能促进农村集体经济发展吗？——基于"两委兼任"视角

保障、产业发展、农村集体经济和村干部等情况，全面地调查了行政村的经营生产和经济发展情况，其中村干部情况主要包括村干部构成情况、党支部书记和村委会主任基本情况。本章使用的数据样本是从全国行政村普查村约60万条记录中随机抽取的部分样本，其中包含两委兼任和农村集体经济信息的共54623条行政村样本数据。其中，村支书兼任村主任的行政村数量为16639个，占总样本的30.46%。样本组内行政村的行政地区分布如表5-1所示。其中，华东地区行政村16307个，占比29.85%；华北地区行政村9383个，占比17.18%；华中地区行政村9411个，占比17.23%；其余华南、西南、西北、东北地区的行政村数量（占比）分别为3526（6.46%）、8257（15.12%）、4892（9.12%）、2757（5.05%）。除华南地区外，样本数量分布与地区的人口规模分布契合良好。

表 5-1 样本组村落地区分布情况

地区	频数	百分比(%)	地区	频数	百分比(%)	地区	频数	百分比(%)
华北地区	9383	17.18	浙江	2771	5.07	云南	1069	1.96
北京	371	0.68	安徽	1379	2.52	西藏	324	0.59
天津	372	0.68	福建	1444	2.64	华南地区	3526	6.46
河北	4927	9.02	江西	1732	3.17	广东	1883	3.45
山西	2815	5.15	山东	7476	13.69	广西	1368	2.50
内蒙古	898	1.64	华中地区	9411	17.23	海南	275	0.50
东北地区	2757	5.05	河南	4574	8.37	西北地区	4982	9.12
辽宁	1030	1.89	湖北	2511	4.60	陕西	2083	3.81
吉林	958	1.75	湖南	2326	4.26	甘肃	1605	2.94
黑龙江	769	1.41	西南地区	8257	15.12	青海	352	0.64
华东地区	16307	29.85	重庆市	855	1.57	宁夏	218	0.40
上海市	154	0.28	四川	4484	8.21	新疆	724	1.33
江苏	1351	2.47	贵州	1525	2.79			

数据来源：根据第三次全国农业普查行政村数据随机抽样的分样本组数据整理。

二、变量设计

(一) 被解释变量：农村集体经济收入

农村集体经济作为农村经济发展的重要组成部分，是农村公共服务提供的重要资金来源（Oi and Walder, 1999）[243]，对于乡村振兴中的产业兴旺、生态宜居、乡村文明建设具有重要的意义。相比微观调研的农户收入和消费水平指标，农业普查中的村集体收入直接来源于村集体的会计记账，数据的误差率较小，真实性较高。相比地区（省市）农村人均纯收入，村集体收入更能反映不同农村经济发展的巨大差异，对应的行政村问卷的题项为"全年村集体收入（单位：万元）"。

从样本看，46%的农村年末村集体收入在0~10万元（含），20.27%的农村的年末集体收入在10万~25万元（含），约22.94%的农村样本的年末集体收入在25万元以上，包括7.40%的农村样本年末村集体收入超过100万元。T检验结果发现实行"一肩挑"治理模式村庄的人均村集体收入显著高于非"一肩挑"村庄（见表5-2），初步检验了"一肩挑"对农村集体经济发展的促进效应。

表5-2 "一肩挑"影响农村集体经济发展的初步检验

是否实行"一肩挑"	Obs	Mean	Std.	95%的置信区间
否	37984	0.054	1.336	[0.039, 0.078]
是	16639	0.164	4.424	[0.097, 0.213]
Diff		0.110	0.032	[0.073, 0.142]
T			3.437***	

数据来源：根据第三次全国农业普查行政村数据随机抽样的分样本组数据整理。

(二) 核心解释变量：是否"一肩挑"

第三次全国农业普查中的行政村问卷中对行政村的村干部情况进行了详尽的调查，主要包括村干部构成情况、党支部书记和村委会主任基本情况。

其中在对"党支部书记情况"的调查中,包含"是否兼任村委会主任",因此选用"是否兼任村委会主任"作为被解释变量①。

在样本中,施行"一肩挑"的共有 16642 个行政村,占总样本比例的 30.47%。从样本组各省"一肩挑"统计结果看,样本内各省"一肩挑"比例存在较大差异,湖北省、海南省样本内"一肩挑"比例较大,分别达到 91.76% 和 98.55%,说明"一肩挑"的推行是在顶层设计的基础上各省依据实际情况推行的,与各省的推广力度存在直接关系。现有实证研究常采用某一地区的调查数据,不能较好地反映当前全国推行"一肩挑"的效果。由于各省环境不同、"一肩挑"和地区政策的顶层规划不同,各地区行政村"一肩挑"的经济和社会效果可能存在差异,这在一定程度上解释了现有研究结论的不一致性。因此,本章控制了各个省份政策的影响,并进一步讨论了"一肩挑"政策效果的异质性及制约其效果发挥的因素。

(三) 中介变量

(1) 行政管理效率。为检验行政管理效率在"一肩挑"模式下影响农村集体经济发展的作用机制,参考上述机制分析,本章从"项目制"公共资金获取和村级产业发展两方面加以检验。本章采用"村内道路修建主要资金来源""特色种植养殖产业"分别作为村落"项目制决策效率"和"村级产业发展"的代理变量②。

(2) 村级财政支出。为检验村财政支出的内在作用机制,本章采用"全年村级办公支出总额"衡量村庄财政办公支出。

---

① 由于问卷并未调查村党委书记是否兼任农村集体经济组织、合作组织负责人,因此选择"两委兼任"只是对"一肩挑"模式的农村集体经济效应的初步探索。

② 中国于 2004 年开始实施"村村通"工程,通过中央和地方财政资金投入加速农村公路的修建,但主要为进村公路。村内公路修建作为进一步的发展目标直至 2018 年解决农民出行"最后一公里"问题被纳入交通部的解决目标。因此,假设 2018 年前,村内公路修建并不属于上级政府的主要工作目标,只有村委政治关联较强、"项目"申请更有效的村落,才能从上级政府获得道路修建资金。

(四) 控制变量

考虑到其他因素和地区政策差异对农村经济发展的影响，本章控制了其他特征因素和地区固定效应的影响，主要包括以下村级特征变量：地形、人口、是否为景观旅游名村、是否有公共交通、是否有电子商务点、行政村面积、村干部特征变量（主要包括村干部人数、村支书受教育程度、年龄等）。本章所选用的变量信息及描述性统计如表5-3所示。

表5-3 主要变量的定义及描述性统计

变量	定义	赋值	mean	sd	min	max
集体经济	人均村集体收入	村集体收入/人口	105.7	2887	0	309428
"一肩挑"	是否兼任村主任	兼任=1；不兼任=0	0.305	0.460	0	1
地形	地形水平	山地=1；丘陵=2；平原=3	1.906	0.831	1	3
旅游名村	特色景观旅游名村	否=0；是=1	0.004	0.066	0	1
公交便利	是否有公共交通	是=1；否=0	0.587	0.492	0	1
电子商务	电子商务配送站点	是=1；否=0	0.231	0.422	0	1
生产条件	能正常使用的机电井数量	单位：口	7.94	19.57	0	189
村庄人口	常住人口	具体数量（人）	1675	1263	0	14835
宗族力量	行政村中自然村的数量	行政村中自然村数量的倒数	5.22	5.87	0	59
村干部人数	年末村干部人数	具体数量（人）	5.455	2.551	1	91
支书年龄	党支部书记年龄	具体数量	50.840	8.082	18	83
受教育程度	党支部书记受教育程度	小学及以下=1；初中=2；高中=3；大专及本科=4；本科以上=5	2.163	0.466	1	5
办公支出	村级办公支出总额	具体数量（万元）	63.79	1550	0	105911

续表

变量	定义	赋值	mean	sd	min	max
项目制决策效率	村内道路修建主要资金来源	政府=1；其他=0	0.724	0.446	0	1
村级产业发展	特色种植养殖产业	是=1；否=0	0.132	0.338	0	1

数据来源：根据第三次全国农业普查行政村数据随机抽样的分样本组数据整理。

三、模型设计

为考察"一肩挑"政策对农村集体经济发展的影响，设定基本线性回归模型如下：

$$Growth_i = \alpha_0 + \alpha_1 Jianren_i + \sum \beta_j X_j + \tau_i + \mu_i \qquad (5-1)$$

式中，i 表示样本组中第 i 个行政村，$Growth_i$ 表示行政村 i 的集体经济发展水平；$Jianren_i$ 表示行政村 i 中的"一肩挑"的情况，如果行政村实施了"一肩挑"政策，则 $Jianren_i = 1$，否则 $Jianren_i = 0$；X_j 表示其他控制变量，以控制其他因素对农村集体经济发展的影响；τ_i 表示省份固定效应，以控制位置差异和政策差异的影响；μ_i 表示随机误差项，假设服从逻辑分布；α_1 表示重点关注的系数，体现了"一肩挑"政策对农村经济发展的影响，预期为正。

第四节 实证结果与分析

一、基准结果与稳健性分析

表 5-4 列示了"一肩挑"治理与农村集体经济发展的 OLS 回归结果。在依次控制影响农村集体经济发展的其他变量和区位固定效应的基础上，"一肩

挑"治理模式系数为 0.040，在 1%的水平上显著为正，即"一肩挑"政策能显著地促进农村集体经济发展，为检验基准结果的稳健性，采用"最低生活保障人数比例"作为农村集体经济效应的稳健性检验变量，即农村集体经济发展越好，居民的集体收入分红越多，从而降低村内最低生活保障人数。估计结果如（4）列所示，"一肩挑"治理模式的系数显著为负，"一肩挑"治理模式能够显著降低村庄最低保障人数比例，从侧面验证了"一肩挑"模式的集体经济效应。

此外，由于可能存在的模型形式设定的偏误以及"一肩挑"的自选择问题，上述基准模型的估计结果可能存在偏差（Rubin，1997；Harding，2003）[199]、[168]。为检验估计结果的稳健性，采用因果推断分析框架中的 PSM 方法对"一肩挑"政策对村级经济发展作用进行稳健性分析。基于上述控制变量和省份位置进行 Logit 的匹配并以卡尺内最近邻匹配来估计"一肩挑"对村级经济发展的平均处理效应[①]。如（5）列所示，"一肩挑"的平均处理效应为 0.037，在 1%的水平上显著为正，即"一肩挑"政策能够显著促进村级经济发展。计算可得"一肩挑"对村级经济发展的平均效应为 0.0385，即施行"一肩挑"的村庄人均村集体收入比未施行"一肩挑"政策的农村高 385 元，"一肩挑"对农村集体经济发展的促进作用是十分明显的。估计结果表明，在克服模型设定和自选择问题后，"一肩挑"治理模式对农村集体经济发展的促进作用仍然显著。

表 5-4 基准回归结果

变量	人均集体收入 (1)	人均集体收入 (2)	人均集体收入 (3)	最低保障 (4)	PSM (5)
"一肩挑"	0.053*** (0.015)	0.047*** (0.015)	0.040*** (0.013)	-0.002** (-0.001)	0.037** (0.017)

---

① 卡尺匹配中卡尺为 0.01。

续表

变量	人均集体收入 (1)	人均集体收入 (2)	人均集体收入 (3)	最低保障 (4)	PSM (5)
地形		-0.047*** (0.008)	-0.032*** (0.010)	0.012*** (0.001)	
旅游名村		0.229* (0.133)	0.062*** (0.014)	-0.073*** (-0.015)	
交通		0.304*** (0.014)	0.137*** (0.024)	-0.005*** (0.001)	
电商		0.019 (0.017)	0.044 (0.029)	0.012*** (0.001)	
人口		-0.024*** (0.009)	-2.26e-05* (1.20e-05)	-4.8e-06*** (2.9e-07)	
生产条件		0.056*** (0.006)	0.047*** (0.005)	-0.001*** (-0.0003)	
宗族		0.010*** (0.002)	0.008*** (0.002)	-0.195*** (-0.023)	
年龄		-0.046*** (0.008)	-0.025** (0.011)	0.006*** (0.001)	
受教育程度		0.136*** (0.008)	0.126*** (0.012)	-0.119*** (-0.008)	
常数项		4.725*** (0.055)	4.959*** (0.202)	3.541*** (0.093)	
地区固定效应	否	否	是	是	是
观测值	54623	49111	49111	49111	39426

注：括号内为稳健标准误；***、**和*分别表示在1%、5%和10%的显著性水平下显著。

当前，我国农村集体经济发展仍然比较落后，如何以高效的农村治理模式保障乡村振兴战略的顺利实施，推动农村集体经济发展，成为我国乡村治理模式创新的重点。研究表明"一肩挑"作为创新的农村治理模式，能够有效地促进农村集体经济的发展。然而，样本数据显示，"一肩挑"的行政村占比只有30.47%，且各省行政村"一肩挑"比例存在较大差异，距离各省全面推行行政村"一肩挑"政策，即2022年"一肩挑"比例达到50%的要求仍然任重而道远，尤其在当前实施乡村振兴战略背景下，有效地实施和支持"一肩挑"新型乡村治理模式，实现乡村的治理有效，成为农村集体经济发展和乡村振兴的重要途径和保障。

二、内生性问题处理

上述结果虽然通过控制地区固定效应，削弱样本自选择偏差在一定程度上减弱由于遗漏重要变量、选择性偏差带来的内生性问题，但仍然可能存在农村集体经济发展与"一肩挑"治理模式互为基础和结果的内生性问题。到底是村委兼任使集体经济变好还是集体经济基础好更容易实现村"两委"兼任的治理模式？

因此，参考何安华和孔祥智（2014）[244]、田勇（2019）[245] 的工具变量设计思路，选择"除本村外，区域内'一肩挑'的比例"作为村落"一肩挑"实施的工具变量。这是因为在一个区域内部，"一肩挑"具有很强的"同群效应"，区域内部不同村落之间比较容易模仿与学习，其他村落的"一肩挑"的决策容易对某一村落是否实施"一肩挑"产生影响。但是其他村落的"一肩挑"实施并不会直接影响该农村集体经济发展水平，因而工具变量满足相关性和外生性的要求。

内生性处理结果如表5-5所示。（1）列为工具变量的外生性检验，通过将区域兼任比例纳入基准回归结果，结果表明区域兼任比例对农村集体人均收入并无显著的影响。工具变量满足外生性条件。（2）~（3）列为内生性的估计结果，（2）列为第一阶段的估计结果，F值为59.17，大于10%偏误水平下的临界值16.38，表明区域"两委"比例并不是村庄"一肩挑"的弱工具变量。在处理内生性后，（3）列的估计结果表明在1%的显著水平上"一肩挑"依然对人均集体收入具有显著的促进作用。

表 5-5　内生性与稳健性检验结果

变量	外生性检验	内生性处理结果		稳健性检验：人均集体收入			
	(1)	(2)	(3)	(4)	(5)	(6)	(7)
	人均集体收入	"一肩挑"	人均集体收入	东部	中西部	城郊	偏远
区域兼任比例	0.079 (0.063)	0.347*** (0.107)					
"一肩挑"			0.179*** (0.048)	-0.011 (0.026)	0.045*** (0.020)	-0.013*** (0.021)	0.084*** (0.026)
F 值		59.17					
控制变量	是	是	是	是	是	是	是
地区固定效应	是	是	是	是	是	是	是
观测值	49111	49111	49111	15617	33494	29424	19687

注：括号内为稳健标准误；***、**和*分别表示在1%、5%和10%的显著性水平下显著。

三、稳健性检验

(一) 排除其他因素影响

目前，全国农村集体经济差异性很大，东部地区和中西部地区差异很明显，城郊地区和偏远农村差异很大，这种差异从根本上来说是市场机制本身作用的结果。如果不消除这种原始差异，无法清晰地判定村"一肩挑"治理模式是否促进了农村集体经济发展。因此，根据样本省份位置和"是否有公共交通"[①]对样本分组，分别检验沿海地区、内陆地区、城郊地区和偏远农村

[①] "是否有公共交通"的变量定义为：公共交通汽车通过，并设有公共汽车站的行政村。2020年《交通运输部关于全力推进乡镇和建制村通客车工作确保完成交通运输脱贫攻坚兜底任务的通知》规定，对城镇化水平较高、经济基础较好的地区，灵活采用城市公交延伸、城乡公交、镇村公交等模式推动全域公交发展。事实上也是如此，只有距离县区较近的乡镇村落，公共交通汽车才较为普遍。而偏远地区的村落，仍然以私人运营的农村客运为主（单建华，2014），并不属于公交的范围。因此，"是否有公共交通"变量，理论上在很大程度上能够区别样本村落是位于城郊抑或是偏远农村。

的"一肩挑"治理模式的农村集体经济效应，估计结果如表 5-5 的（4）~（7）列所示。估计结果表明，"一肩挑"治理模式对农村集体经济的影响具有显著的区位异质性，将市场机制和农村集体经济发展的原始差异考虑在内，"一肩挑"治理模式能够显著抑制中西部和偏远地区市场的不足，对中西部和偏远地区的农村的集体经济具有更为显著的促进作用，而对于东部发达地区的农村和城郊农村地区的集体经济并未产生显著的影响。考虑到中国发展落后的农村广泛位于中西部和距离城市偏远地区，这些村落也必然成为乡村振兴的主体和难点，因此，有效发挥"一肩挑"治理模式的农村集体经济效应，是实现我国乡村振兴的重要保障。

（二）安慰剂检验

为进一步验证上述结果的稳健性，通过虚构处理组的方式进行安慰剂检验。具体而言，在没有"一肩挑"的行政村样本中随机选择 3000 样本作为虚构的实验组，假设其存在"一肩挑"，并进行 PSM 回归。若在虚构处理组方式下，PSM 估计结果仍然显著，说明上述处理结果可能存在偏误。若安慰剂检验结果显示不同匹配方法下的估计结果均不显著，则安慰剂检验通过，从反方面支持上述结果的稳健性。

第五节 制约因素和影响机制分析

一、制约因素分析

基于总体样本的分析，可以发现"一肩挑"治理模式对村级经济发展的提升存在显著积极影响，但是由于各行政村之间存在着显著的特征差异，那么"一肩挑"治理模式对不同特征的行政村经济发展的影响是否存在差异？是否存在制约因素影响"一肩挑"治理模式的作用效果？为此，本节根据村庄的资源禀赋（地形）、村庄的人口规模和村干部的禀赋（年龄、受教育程度）进行分组回归，分析不同条件下"一肩挑"治理模式对村级经济发展影响的异质性。以下回归分析采用OLS模型①。具体分组见表5-6。

表5-6 制约因素检验结果

	分组	系数	标准误	T值
村支书受教育程度	低等教育水平	0.985	0.593	1.660
	中等教育水平	0.088***	0.032	2.758
	高等教育水平	0.092***	0.033	2.787
地形	平原	0.156**	0.061	2.564
	丘陵	0.018	0.012	1.530
	山地	0.124	0.081	1.520
人口	低（人口≤778）	0.156	0.086	1.810
	中（778<人口≤2230）	0.155***	0.055	2.831
	高（人口>2230）	-0.020	0.016	-1.303

注：括号内为稳健标准误；***、**和*分别表示在1%、5%和10%的显著性水平下显著。人口采用三等分位数进行分组。受教育程度分组上，低等=小学及以下，中等=初中，高等=高中及以上。

如表5-6所示，不同分组下"一肩挑"治理模式对村级经济发展的影响呈现显著的差异。从村支书受教育程度分组估计结果看，在村支书具有中高等教育水平下的"一肩挑"在1%的水平显著为正，即低等教育水平的村支书兼任对村级经济的影响并不显著。随着村干部受教育程度的提高，其学习能力、改革创新意识也相应增强，能够更好地落实相关政策，创新发展致富之路，给当地经济发展带来活力。

从村庄资源禀赋分组来看，只有平原地形下的"一肩挑"的系数在5%的水平下显著为正。山地或丘陵地区由于环境闭塞，农户居住较为分散，村"一肩挑"相关部署安排宣传难度大，"一肩挑"后的工作效率较难提高，难

---

① 上述PSM估计结果显示，OLS基准回归结果并没有出现明显的模型设定等问题，因此余下章节实证均继续采用的估计方法。

以有效落实各项政策，同时在相关监管缺位的情况下更容易造成权力的集中与腐败，因此可能制约了"一肩挑"促进集体经济发展的效果。此外，受限于资源禀赋，山地丘陵地区拥有的可供兼任村主任开发利用的资源较少。

从农村规模分组的估计结果来看，估计结果呈现倒 U 形，存在适度规模村落的兼任范围，小规模和大规模的村落的"一肩挑"模式对经济发展的效果并不显著。在村落规模方面，中等规模大小的村落"一肩挑"模式对经济促进效果的影响最明显。其可能是因为，规模较大的村落村务繁重，兼任后村务要由一人来处理，兼任村主任能力有限，任务完成效率变低。同时，随着农村规模的扩大，兼任对农村资源的整体把握程度变得相对困难，致富项目开展的沟通成本会相对提升。对于较小的村落，没有健全监督管理机制，形成"一言堂"的风险更大。

上述结果发现，只有在平原地形下实施"一肩挑"政策才会对农村集体经济发展存在显著的促进作用，然而我国中西部有大量的行政村处于丘陵和山地地区，并且集体经济发展水平基本处于初级阶段。从农村集体经济发展的角度出发，是否丘陵和山地地区农村都不适合实施"一肩挑"乡村治理模式呢？能否依靠村支书个人素质进行有效地克服？

根据地形和村支书个人特征进行交叉分组进行异质性检验，进一步分析农村"一肩挑"模式的制约因素，估计结果如表 5-7 所示。由交叉分组估计结果可以看出，村支书知识化能够有效地克服由于地形带来的限制因素，丘陵地区行政村推行"一肩挑"治理模式时应该注重对村支书个人素质的考量，从而能够顺利发挥"一肩挑"政策对农村集体经济发展和乡村振兴战略的促进和保障作用。虽然山地地区高教育程度化和低龄化的村支书"一肩挑"的系数为正，绝对值明显增大，但仍然并不显著，可能是因为山地地区实行"一肩挑"后，在分散的农户和较大的村庄条件下，村主任布置工作花费时间多，工作效率低；另外，山区实行"一肩挑"不利于政府部门的管控。当村内其他监督发挥作用较小时，情况又很难反映到乡镇，不利于村庄的发展，此结论同黄凯斌（2005）实地调研结论一致[246]。因此，在山地地区推行"一肩挑"政策时，不仅应注重村支书的素质和精力，也应该注重配套政策的推进，健全监督管理机制，保障"一肩挑"治理模式的经济促进作用顺利发挥。

表 5-7 交叉分组估计结果

变量	平原			丘陵			山地		
	低教育	中教育	高教育	低教育	中教育	高教育	低教育	中教育	高教育
"一肩挑"	-0.048	0.167**	0.124***	0.004	0.020	0.012**	0.063	0.001	0.083
	(0.113)	(0.065)	(0.037)	(0.014)	(0.015)	(0.005)	(0.055)	(0.013)	(0.097)
样本量	637	16288	4755	395	12459	3559	1173	12554	2803
控制变量	是	是	是	是	是	是	是	是	是
省份固定效应	是	是	是	是	是	是	是	是	是

注：括号内为稳健标准误；***、**和*分别表示在1%、5%和10%的显著性水平下显著。

综上所述，估计结果表明村庄的资源禀赋、人口规模以及村支书的年龄和受教育程度是影响"一肩挑"发挥作用的重要影响因素，并且具有重要的政策含义。一方面，不宜将"一肩挑"比例量化为标准，应该因地制宜推行"一肩挑"政策，不能"一刀切"；另一方面，在"一肩挑"工作中应该注重兼任村干部的知识化和年轻化，并建立村级后备干部培养储存体制，选取各方面的能人进入村级后备干部的培养。

二、影响机制分析

根据上述实证结果，"一肩挑"治理模式能显著推动农村集体经济发展。但"一肩挑"治理模式促进农村集体经济发展的影响机制又是怎样的？上文假设"一肩挑"能够通过减少财政支出、提高行政管理效率提高村级经济发展水平。因此，参考 Baron 和 Kenny（1986）的因果逐步回归法来验证上述影响机制[247]，具体步骤如下：

第一步：验证"一肩挑"对农村集体经济发展的总效应：

$$Growth_i = \beta_0 + \beta_1 Jianren_i + \sum_{n=1}^{N} b_n X_i + \tau_i + \mu_i \quad (5-2)$$

第二步：验证"一肩挑"对公共办公支出和行政管理效率的影响：

$$outlay_i(gov_i) = \alpha_0 + \alpha_1 Jianren_i + \sum_{n=1}^{N} b_n X_i + \tau_i + \mu_i \qquad (5-3)$$

第三步：验证公共办公支出和行政管理效率是"一肩挑"影响农村集体经济发展的影响机制：

$$Growth_i = \gamma_0 + \gamma_1 Jianren_i + \gamma_2 outlay_i(gov_i) + \sum_{n=1}^{N} b_j X_i + \tau_i + \mu_i \qquad (5-4)$$

式中，$outlay_i$ 表示村落财政办公支出情况；gov_i 表示行政管理效率；τ_i 表示省份固定效应；μ_i 为随机误差项。

如表 5-8 所示，（1）列首先检验了"一肩挑"治理模式对农村集体经济的总效应，结果表明"一肩挑"治理模式能够显著地促进农村集体经济的发展。（2）列、（4）列和（6）列为"一肩挑"治理模式对村办公支出、项目制决策、村产业发展的影响，与理论预期一致，"一肩挑"治理模式能够显著地降低村办公支出，提高项目制决策、村产业发展等行政管理效率，但具体影响机制仍然还需要第三步的检验。（3）列、（5）列和（7）列的估计结果表明，将中介变量纳入回归方程后，"一肩挑"治理模式系数依然均显著为正，除（3）列系数外，系数的绝对值均明显降低，结果表明"一肩挑"治理模式能够通过提高行政管理效率促进农村集体经济的发展，假设 H3 得证。另外，估计结果显示村级办公支出能够显著促进农村集体经济的发展，与预期假设 H2 相反，但"一肩挑"治理模式的总（净）效应依然为正，"一肩挑"治理模式是发展农村集体经济的重要途径，也是实现乡村振兴的重要保障。

表 5-8　影响机制检验结果

被解释变量	(1) 集体经济	(2) 办公支出	(3) 集体经济	(4) 项目制申请	(5) 集体经济	(6) 产业发展	(7) 集体经济
"一肩挑"	0.040*** (0.013)	-0.109*** (0.026)	0.045*** (0.013)	0.075*** (0.016)	0.032*** (0.012)	0.212** (0.091)	0.022*** (0.010)
办公支出			0.047*** (0.012)				
项目制申请					0.107*** (0.007)		
产业发展							0.084*** (0.001)
控制变量	是	是	是	是	是	是	是
省份固定效应	是	是	是	是	是	是	是
观测值	49111	49111	49111	49111	49111	49111	49111

注：括号内为稳健标准误；***、**和*分别表示在1%、5%和10%的显著性水平下显著。

第六节　本章小结

农村"一肩挑"新型乡村治理模式是解决村"两委"矛盾摩擦和实现乡村治理有效的重要方式，统一了党的领导和村民自治，培育了新时代农村的带头人，改善了农村治理人才不足的现状，是坚持和加强党的全面领导的必然趋势。但对于"一肩挑"治理模式带来的权力集中是否会对农村地区的集体经济发展、乡村振兴等造成负面影响，引起了学术界和社会的广泛担忧。因此，本章基于中国第三次农业普查中行政村调查数据，利用基准回归模型和倾向得分匹配模型，评估了"一肩挑"新型乡村治理模式的作用效果。通过异质性分析和影响机制分析，检验了农村"一肩挑"政策的外部制约因素和作用路径。研究发现：（1）农村"一肩挑"治理模式对农村集体经济发展有显著的促进作用，社会中广泛担忧的负面影响并不显著。（2）"一肩挑"治理模式的影响存在显著的异质性，当村庄资源禀赋较高，人口规模适中、村支书年龄越低和素质越高时，"一肩挑"治理模式促进农村集体经济发展的效果越明显；另外，虽然丘陵与山地地区，"一肩挑"治理模式的效果不明显，但兼任村支书的年轻化和素质化是克服丘陵和山地地区"一肩挑"模式效果不明显的重要路径。（3）影响机制检验发现"一肩挑"治理模式能够通过提高行政管理效率促进农村经济发展，保障乡村振兴战略的顺利实现。

研究农村"一肩挑"治理模式的集体经济发展效应对于评估现行"一肩挑"治理模式效果和未来的政策推行具有重要意义。尤其是在乡村振兴战略实施的重要背景下，充分发挥农村"一肩挑"的乡村治理模式在提高农村集体经济效率中的重要作用，成为乡村振兴的重要途径和政治保障。针对现行"一肩挑"治理模式实施的问题与制约因素，提出如下针对性的改进建议：

首先，推行"一肩挑"治理模式不能"一刀切"，应因地制宜。目前，各地经济社会发展情况不同，推行"一肩挑"工作的进度和实现"一肩挑"的程度不尽相同，因此各地在推行"一肩挑"过程中，要结合各自实际、结合村庄实际、结合党员实际，探索多种路径，在过去农村改革成功经验的基础上继承和发展，要规范"一肩挑"的选举程序，保障民主选举权利。

其次，加强对党员的培训，建立村干部人才储备机制。由于农村党员素质偏低，难以满足当前兼任村干部多重职能的需要，能够担任"两委"兼任工作的一把手人才普遍缺乏，对此需要进一步强化村干部学历素质能力的提升，加强教育培训，从而发挥村干部的带头作用，提高带领群众致富的本领。此外，扩大"一肩挑"干部的选拔范围，将致富带头人、技术实用人才、大学毕业生、退伍军人等人才发展成为党员，积极纳入选拔范围，提升村"两委"的战斗能力。

最后，健全监督约束机制与激励机制。"一肩挑"模式下，村"两委"负责人的权力更为集中，使原本村支书和村主任间的制衡监督缺失。为减少因权力集中带来的腐败,在推行"一肩挑"治理模式时必须配备完善的监督管理机制。要保证村内重要事务的公开透明,村内重要事务决策实行"四议两公开"。健全议事决策监督机制,建立健全村务监督委员会,加强村民等第三方权力的制约和监督。同时,加强对兼任村干部的党内监督与考核,完善对兼任村干部的激励机制,在薪资待遇与升职前景上给予相关政策扶持,从而提高村干部工作的积极性。

第六章

组织变革能促进资源匮乏型农村集体经济发展吗?
——基于组织治理水平视角

前文研究主要聚焦于中国农村集体经济发展的整体情况,而对资源匮乏型农村集体经济的关注相对不足。然而,正是在这些资源基础薄弱、区位条件偏劣、产业发展受限的村庄中,集体经济所面临的问题最为集中、矛盾最为尖锐。以资源匮乏型农村为对象开展专门研究,不仅有助于揭示当前农村集体经济发展中存在的深层结构性障碍,也为探索适应不同发展阶段与资源禀赋差异的制度性路径提供了现实依据。因此,在整体分析农村集体经济发展现状的基础上,有必要将资源匮乏型农村的集体经济绩效作为一个独立章节进行深入剖析。

第一节 引 言

在当前乡村振兴战略全面推进的背景下,农村集体经济的发展不仅是实现农业农村现代化的重要支撑,更是推动基层治理体系和治理能力现代化的关键抓手。虽然部分地区农村集体经济组织已经取得了良好成效，但这些改革经验多依赖于区位条件、自然禀赋、能人带动等优势，不具备普适性（徐辉和范志雄，2022）[248]，尤其是难以对资源匮乏型农村集体经济发展做出经验和理论参考。资源匮乏型农村集体经济特指缺乏自然资源禀赋、区位优势薄弱且经营性资产积累不足的村庄经济形态（郄辉辉，2023）[249]，其核心特征表现为土地、资金、人才等要素的复合型稀缺。资源匮乏型农村集体经济发展成为乡村振兴战略推进的难点，由于缺乏自然资源禀赋和有利的区位优势，且经营性资产积累不足，导致这些村庄不仅受制于匮乏的资源难以走上集体经济内生发展道路，更严重威胁了脱贫攻坚成果的巩固（周立等，2021）[250]。统计数据显示，截至 2022 年末，仍有 22.21% 的农村集体经济没有经营性收入，并且有经营性收入村落中仍有 22.44% 的农村集体经济经营性收入低于 5 万元。其根源在于家庭联产承包制形成的产权碎片化格局，使集体可支配资源局限于少量"四荒地"，而传统开发模式又因治理缺陷难以实现资源价值转化。以云浮市为代表的山区，虽通过"政银企村"模式引入社会资本，但集体经济组织与农户利益联结松散的问题依然突出（刘煜，2024）[251]，这反映出单纯依赖外部要素注入的局限性。

考虑到资源匮乏型村庄由于自然资源、区位优势、社会资本等发展要素的不足，传统的"靠资源吃饭"模式难以为继，迫切需要通过组织机制的优化和治理结构的创新，激发内生发展动力（谭诗赞，2017）[252]。有效的组织治理不仅能够提高村集体资产的运作效率与透明度，还能够在资源整合、风险控制与利益分配中发挥"制度补位"的关键作用，从而增强集体经济的经营绩效。在此背景下，针对资源禀赋有限、发展基础薄弱的资源匮乏型村庄，进行组织制度创新，提升集体经济组织治理水平成为影响资源匮乏型农村集体经济发展的重要因素。然而，现有关于组织治理和农村集体经济发展的文献，多聚焦于发达地区或资源丰裕型村庄，对资源匮乏型区域的研究仍存在显著空白。提升组织治理水平能否改善资源匮乏型农村集体经济发展，又该如何提升资源匮乏型农村集体经济组织治理水平成为当前亟须解决的现实和理论问题。

值得注意的是，现有理论框架中，"资源决定论"长期主导着农村发展路径的分析范式，但陕西袁家村的实践却提供了反向启示——通过社会资本激活物质资源、构建民主治理模式，该村在缺乏传统生产要素的条件下实现了集体经济的内生性增长（周立等，2021）[250]。袁家村的实践暗示了治理水平的提升在资源匮乏型农村集体经济发展中的决定性作用。但袁家村案例是不是普遍现象仍然没有得到实证证据的支撑，现有文献缺乏针对资源匮乏型农村集体经济组织治理水平与经营绩效之间的实证研究。因此，基于河北省村级调研数据，本研究在构建农村集体经济组织治理水平和经营绩效评价体系基础上，实证检验组织治理水平对资源匮乏型农村集体经济发展的影响，并从理论层面重构资源匮乏型村庄组织治理理论，提出资源匮乏型农村集体经济组织治理水平提升的对策建议。

本部分的学术贡献体现在三个方面：其一，构建农村集体经济组织治理水平和经营绩效评价体系，开发适配农村特性的治理水平测度工具，破解既有评价体系"重经济指标轻制度要素"的测量偏误（徐冠清等，2025）[253]；其二，基于河北省资源匮乏型农村的调研数据，首次从实证角度揭示组织治理水平在提升农村集体经济发展水平方面的作用；其三，重构资源匮乏型农村集体经济发展理论，建立"资源共建—社会共治—成果共享"的组织治理模式，提出资源匮乏型村庄集体经济组织治理水平的具体提升路径。研究结论为破解资源匮乏型农村的"低水平均衡陷阱"提供了新思路，通过治理体系重构激活内生发展动力（孔祥智，2020）[254]，助力共同富裕目标的实质性推进。

第二节 集体经济组织治理水平和经营绩效评价体系构建

一、集体经济组织治理水平和经营绩效评价体系设计

为更好地评价资源匮乏型农村集体经济组织治理水平和集体经济经营绩

效,本章在梳理现有文献研究的基础之上,构建集体经济组织治理水平和集体经济经营绩效评价体系。

(一)集体经济组织治理水平评价体系

集体经济组织治理水平作为组织变革效果的核心表征,科学评价集体经济组织治理水平是实证检验治理效能对农村集体经济发展水平的基础。当前农村集体经济治理体系普遍面临制度性缺陷与适应性不足的多重挑战,具体包括:产权虚置导致资源配置效率低下,利益联结松散制约主体动能激发,管理机制滞后削弱组织可持续发展能力(孔祥智、高强,2017)[255]。然而,现有研究虽已关注到治理要素对集体经济的促进作用,但多局限于单一维度或局部指标分析,缺乏系统性的评价框架(薛继亮等,2010)[256]。因此,本章基于制度经济学与组织行为学理论,针对农村集体经济治理体系普遍面临制度性缺陷与适应性不足的多重挑战,构建涵盖产权改革、利益机制、管理机制的三维评价体系,以完善现有评价体系中"重资源禀赋、轻制度质量"的缺陷。

具体而言,产权改革维度能够反映集体资产权属关系重构对资源配置效率的撬动效应,利益机制维度能够揭示利益分配格局优化对主体行为激励的传导逻辑,管理机制维度则重点反映治理结构创新对组织运营效能的赋能作用。三个维度相互嵌套、相互补充能够形成"制度基础—动力机制—能力保障"的全面评价体系。综合评价体系既符合张忠根和李华敏(2007)关于产权制度基础性作用的论断[257],也延续了王成军等(2024)的治理机制适配性理论[258],能够为精准诊断治理短板、定向优化改革路径提供系统性分析工具。集体经济组织治理水平评价体系的各维度进行如下设计。

(1)产权改革:重点考察集体资产产权明晰程度、股权设置合理性、产权流转规范度等方面。例如,部分村庄存在产权归属模糊问题,导致资产盘活困难;而一些先行改革的村庄,通过合理设置股权,激发了成员参与积极性。具体指标选择如下:"是否完成集体经营性资产产权改革"来衡量集体经济组织中产权明晰程度;"人口股权占比"(股权合理性),人口股侧重保障村民基本权益，人口密集但土地等资源稀缺的村庄，人口股权更大，可以兼顾公平与效率；"年度集体资产流转金额"（产权流转度），较高的资产流转金额意味着资源配置效率提高，能吸引外部投资、促进产业发展。

（2）利益机制：从成员利益分配、产业联动利益、风险共担利益维度衡量。现有研究表明，合理的利益机制能有效凝聚成员力量，促进集体发展，但实际调研中发现不少村存在利益分配不公、风险应对机制缺失等问题。具体指标选择如下："年度村民集体经济分红的满意度"（成员利益分红合理性）通过调查村民对分红、工资发放等利益分配的满意度，了解是否存在少数人垄断利益、多数人收益微薄的不公平现象，保障全体成员能共享集体经济发展成果；"年度集体经济组织向下游合作资金规模"（产业利益联动性），衡量集体经济组织与原材料供应商、产品销售商等上下游企业的合作项目数量、合作期限及合作稳定性；"是否为集体经济资产购买保险"（利益风险共担性），集体经济组织是否为主要产业、资产购买足额保险，包括农业保险、财产保险等。

（3）管理机制：包括决策机制、监督机制、人才培养引进机制等。许多村庄决策过程缺乏民主性，监督流于形式，人才匮乏成为发展的瓶颈。具体指标选择如下："年度成员大会表决次数"（民主参与性），查看重大事项决策时，是否通过召开成员大会或代表大会进行表决；"监事会成员是否独立于管理层（监督有效性）"，监事会或监督小组是否独立于管理层，成员构成是否合理，能否公正履行监督职责，防止内部利益勾结，保障集体资产安全；"是否具有职业经理人（人才管理）"，集体经济组织是否雇佣职业经理人进行组织经营。

（二）集体经济经营绩效评价体系

现有关于农村集体经济经营绩效评价的研究多集中于利润总额、资产规模等显性经济指标（张忠根、李华敏，2007）[257]，却忽视了集体经济在乡村振兴和乡村治理中的社会职能。因此，农村集体经济经营绩效评价体系需要同时将农村集体经济的经济价值和社会价值同时纳入分析框架。其中，经济价值为农村集体经济组织可持续发展提供了经济基础，反映了组织资源配置效率与市场适应能力（贺卫华，2020）[259]；社会价值体现了集体经济对共同富裕和乡村振兴的实质贡献，能够为乡村治理现代化提供亟须的社会资本（王成军等，2024）[258]。此外，本研究创新性地将资产负债率与基础设施投入强度等异质性指标纳入统一分析框架，同时考虑集体经济的财务安全性（孔祥智、赵昶，2020）[260]、社会外部性（芦千文、杨义武，2022）[261]等特征，形成兼顾市场竞争力和社会责任感的综合评价体系。参考现有文献，各维度指标进行如下设计。

经济效益维度：从盈利能力、发展能力和偿债能力三个维度衡量集体经济效益。具体指标选择如下：净利润（盈利能力），在扣除成本、税费等各项开支后剩余的收益，直接体现了集体经济组织的盈利水平。较高的净利润表明组织经营效益良好，资源利用高效，有更多资金可用于再投资、分红或公益事业；资产增长率（发展能力），考量集体资产规模的扩张速度，包含固定资产、流动资产等的年度增长情况，资产稳步增长为后续发展提供物质基础。例如购置新的农业生产设备、扩大养殖场地，使资产总量提升，有利于开拓新产业；资产负债率（偿债能力），用总负债除以总资产，比值越低，偿债能力越强，财务风险越小。对于集体经济组织，合理控制资产负债率可保障稳定运营，避免因债务危机陷入困境。

社会效益维度：关注就业带动、村民收入增长、公共服务设施改善三个维度，衡量其对村庄发展的综合贡献。具体指标选择如下：直接就业人数（就业带动效果），统计集体经济组织直接吸纳本村及周边劳动力就业的数量，涵盖各个产业环节，如农产品加工车间工人、乡村旅游服务人员等；居民平均分红收入（村民增收效果），居民分红收入越多，居民可支配收入的增长越高；基础设施建设投入（公共服务改善效果），查看集体经济组织对村内道路、水电、通信、灌溉等基础设施建设的资金投入与项目实施情况，良好基础设施是乡村发展的根基，如出资修缮破损道路方便村民出行与农产品运输，升级电网保障生产生活用电稳定。

二、评价体系权重测算

为客观反映各指标的重要性,本章基于信息熵理论,采用客观赋权的熵权法测算各指标的权重,其核心优势在于完全依赖数据自身特征,规避主观赋权中专家偏好导致的随机性偏差。权重测算流程具体包括如下五个步骤。

(一) 原始数据矩阵构建

基于72个样本(资源匮乏型农村),对应的9个评价指标(经营绩效评价体系中6个指标),构建72×9的初始数据矩阵,$X = (x_{ij})_{72 \times 9}$,其中 x_{ij} 是第 i 个方案在第 j 个指标上的观测值。

(二) 标准化决策矩阵

对初始数据矩阵中的每个元素进行标准化处理,如式(6-1)所示,其中 y_{ij} 是标准化后的值:

$$y_{ij} = \frac{x_{ij}}{\sqrt{\sum_{i=1}^{m} x_{ij}^2}} \tag{6-1}$$

(三) 计算每个指标的熵值

对每个指标 j,计算其熵值 E_j,如式(6-2)所示,其中 p_{ij} 是第 i 个方案在第 j 个指标上的比例:

$$E_j = -\frac{1}{\ln(m)} \sum_{i=1}^{m} p_{ij} \ln(p_{ij}) \tag{6-2}$$

$$p_{ij} = \frac{y_{ij}}{\sum_{i=1}^{m} y_{ij}} \tag{6-3}$$

(四) 计算冗余度

计算每个指标的冗余度 d_j，如式 (6-4) 所示：

$$d_j = 1 - E_j \tag{6-4}$$

(五) 计算权重

计算每个指标的权重 w_j，如式 (6-5) 所示：

$$w_j = \frac{d_j}{\sum_{j=1}^{n} d_j} \tag{6-5}$$

基于调研数据，资源匮乏型农村集体经济组织治理水平和经营绩效评价体系的指标权重如表 6-1 所示。

表 6-1 集体经济组织治理水平和集体经济经营绩效评价体系

目标层	准则层	指标层	问卷问题	权重
集体经济组织治理水平	产权改革	产权明晰程度	是否完成集体经营性资产产权改革	0.16
		股权合理性	人口股权占比	0.09
		产权流转制度	年度集体资产流转金额	0.11
	利益机制	成员利益分红合理性	年度村民集体经济分红的满意度	0.09
		产业利益联动性	年度集体经济组织向下游合作的规模	0.11
		利益风险共担性	是否为集体经济资产购买保险	0.07
	管理机制	民主参与性	年度成员大会表决次数	0.10
		监督有效性	监事会成员是否独立管理层	0.12
		人才管理成效	是否具有职业经理人	0.15

续表

目标层	准则层	指标层	问卷问题	权重
集体经济经营绩效	经济效益	盈利能力	净利润	0.23
		发展能力	资产增长率	0.19
		偿债能力	资产负债率	0.17
	社会效益	就业带动效果	直接就业人数	0.13
		居民增收效果	居民平均分红收入	0.17
		公共服务改善效果	基础设施建设投入	0.11

第三节 研究设计

一、数据来源

针对资源匮乏型村庄进行调研设计，通过对现有文献和研究的参考，将没有优质资源、没有特色产业、没有启动资金、没有经营人才的"四无"村庄定义为资源匮乏型村庄。受经费限制，为更好地调研"资源匮乏型"村庄，课题组将调研对象锁定在河北省原"贫困村"，并通过分层抽样，确定平泉县、张北县、丰宁满族自治县、孟村回族自治县、平山县、博野县、曲阳县和赞皇县8个县和其内部的24个乡镇72个村作为调研对象，于2023年暑假和寒假，组织课题组成员和学生前往调研。通过走访、调研北延庄村、东风村等72个脱贫村，获取了关于集体经济组织的丰富的一手资料。

从调研结果来看，河北省资源匮乏型村庄位置分布较为集中，其中原"贫困村"占比超过87%，超过90%的村庄位于山区；从规模来看，资源匮乏型农村集体经济整体仍然薄弱，其中72个调研村庄集体经济平均收入为3.67万元，集体经济收入5万元以上的村庄占比为31.25%，但经营收益超过5万元的村庄仅占12.5%，集体经济收入主要依靠补助收入和发包及上交收入；

从集体经济组织治理来看，100%的乡村完成了农村集体经营性资产产权制度改革，且超过90%村庄集体经济组织由村党支部书记或村委会主任担任责任人，集体经济组织产权制度和管理制度不断优化，仍然存在集体经济组织治理问题，包括职业经理人缺失（100%的村庄缺失职业经理人）、集体经济资产管理缺位（87.5%的村庄缺乏资产管理人员和制度规范）、监管制度和人员缺失（81.25%的村庄缺乏独立的监管人员、组织和监督制度）等。

二、模型设计

为考察农村集体经济组织治理水平对农村集体经济发展的影响，设定基准回归模型如下：

$$Growth_i = \alpha_0 + \alpha_1 Zhili_i + \sum \alpha_j X_j + \tau_i + \mu_i \qquad (6-6)$$

式中，i 表示样本组中第 i 个资源匮乏型村庄，$Growth_i$ 表示样本 i 的集体经济发展水平，采用经营绩效进行衡量；$Zhili_i$ 表示样本 i 中集体经济组织治理水平；X_j 表示其他控制变量，以控制其他因素对农村集体经济发展的影响；τ_i 表示区县固定效应，以控制位置差异和政策差异的影响；μ_i 表示随机误差项，假设服从逻辑分布；α_1 表示关注的核心系数，反映集体经济组织治理水平对农村集体经济发展水平的影响，预期为正。

三、指标设计

被解释变量：集体经济经营绩效。针对农村集体经济治理体系普遍面临制度性缺陷与适应性不足的多重挑战，本书构建涵盖产权改革、利益机制、管理机制的三维评价体系，以完善现有评价体系中"重资源禀赋、轻制度质量"的缺陷。如表6-2测算结果所示，乡镇资源匮乏型农村集体经济经营绩效水平均较低，经营绩效有待提升。

解释变量：集体经济组织治理水平。本章采用集体经济组织治理水平评价体系进行具体衡量，将农村集体经济的经济价值和社会价值同时纳入分析框架。其中，经济价值反映了农村集体经济组织的资源配置效率与市场适应能力，而社会价值则体现了集体经济对共同富裕和乡村振兴的实质贡献。如表6-2测算结果所示，所有乡镇的集体经济经营绩效平均水平都高于组织治理平均水平，这表明这些乡镇在集体经济的实际运营方面表现较好，但在组织治理方面可能存在一些需要改进的地方。从实际调研的结果来看，各乡镇资源匮乏型村庄组织治理水平均较低，且总体治理水平参差不齐。多数组织在产权改革、利益协调、管理精细化等方面存在短板，导致经营效益不佳，发展动力不足。

表6-2 集体经济组织治理水平和集体经济经营绩效评价结果

调研县	组织治理平均水平	经营绩效平均水平
平山县	0.672	0.704
张北县	0.697	0.771
博野县	0.703	0.783
丰宁满族自治县	0.712	0.801
曲阳县	0.729	0.814
孟村回族自治县	0.697	0.746
赞皇县	0.639	0.712
平泉县	0.692	0.768

控制变量：为控制其他因素的影响，参考王成军等（2024）[258]、黄秀玉和钱淼（2025）[262]等研究，本章控制了影响农村集体经济发展的其他特征变量，主要包括地形（山地和丘陵=1；平原=0;）、人口数量（户籍人口：人）、集体经济组织耕地面积（亩）、村支书受教育程度（高中及以上=1；初中及以下=0）和年龄（年）。

第四节　农村集体经济组织治理水平对经营绩效影响的实证检验

表6-3列示了农村集体经济组织治理水平与经营绩效的OLS回归结果。如（1）列所示，在控制影响农村集体经济发展的其他变量和区位固定效应的基础上，集体经济组织治理水平能显著提高集体经济的经营绩效，系数为0.074，在1%显著水平显著为正。为进一步验证集体经济组织治理水平对经营绩效各维度的影响，（2）列和（3）列分别列示了治理水平对经济效益和社会效益的实证检验结果。从检验结果来看，集体经济组织治理水平的提升能显著提高资源匮乏型农村集体经济的经济效益和社会效益，尤其是社会效益更为突出，治理水平每提升1%，农村集体经济的社会效益提高9.3%。上述实证检验结果表明，提升农村集体经济水平是激活资源匮乏型农村发展农村集体经济的重要渠道。

表6-3　农村集体经济组织治理水平对经营绩效影响的检验结果

变量	经营绩效 (1)	经济效益 (2)	社会效益 (3)	经营绩效 (4)	经营绩效 (5)	经营绩效 (6)
治理水平	0.074*** (0.016)	0.057*** (0.012)	0.093*** (0.021)			
产权改革				—		
利益机制					0.078*** (0.020)	
管理机制						0.081*** (0.024)
控制变量	控制	控制	控制	控制	控制	控制

续表

变量	经营绩效 (1)	经济效益 (2)	社会效益 (3)	经营绩效 (4)	经营绩效 (5)	经营绩效 (6)
地区固定效应	控制	控制	控制	控制	控制	控制
观测值	72	72	72	72	72	72

注：括号内为稳健标准误；***、**和*分别表示在1%、5%和10%的显著性水平下显著。

此外，为进一步验证集体经济治理水平各维度对资源匮乏型农村集体经济经营绩效的影响，本书分别实证检验了产权改革、利益机制和管理机制对经营绩效的影响，估计结果如表6-3中（4）~（6）列所示。研究结果体现在如下三个方面。

（1）产权制度改革：由于各村庄均进行了产权制度改革，因此难以实证检验产权制度改革的提升效应。但现有文献表明产权制度明晰是提升经营绩效的基础。清晰的产权能够激发成员对集体资产的管护与增值意愿，促进资源优化配置，进而提高经济效益。例如，邯郸市某村在产权改革前，集体土地权属不清，村民对土地开发利用积极性不高，农村集体经济发展缓慢。后来通过全面清查资产，明确土地产权归村集体所有，村民以土地入股，成立股份合作社，参与特色农产品种植项目。股权设置按照人口、土地面积等要素合理分配，村民既是劳动者又是股东，对土地倍加珍惜，精心管护农作物。同时，清晰的产权吸引了外来企业投资，合作建设农产品加工厂，延伸了产业链。仅一年时间，该村集体经济营业收入增长了30%，净利润提高了25%，资产回报率从原来的不足5%提高到10%左右。

（2）利益机制：合理的利益机制是关键驱动力，估计系数为0.078，利益机制指数每提升1%，农村集体经济经营绩效提升7.8%。估计结果表明公平合理的利益分配、紧密的产业联动、有效的公益金调节与风险共担，能充分调动成员积极性，增强组织凝聚力，带动经营绩效提升。例如，石家庄市某村集体经济组织，发展蔬菜种植产业，一方面，与周边大型超市签订供销合同，保障蔬菜销路，超市为村里提供市场信息和部分农资支持，实现产业联动，双方共享利润；另一方面，村里依据村民劳动付出和股份占比核算分红与工资,确保成员利益。每年还从收益中提取10%作为公益金,用于资助贫困学生上学、改善村里医疗设施等。在遇到自然灾害时,提前购买的农业保险发挥作用,获得理赔后弥补了部分损失,剩余损失由风险基金承担,村民未遭受重大打击。通过这套完善的利益机制,该村村民参与蔬菜种植的积极性高涨,蔬菜品质优良,市场口碑好,集体经济经营绩效显著提升,连续三年营业收入年增长率达到20%,带动村民人均收入增长15%,村里公共服务设施不断完善,如新建文化广场、图书室等。

(3)管理机制:科学的管理机制是保障,估计系数为0.081,系数在1%水平显著为正。估计结果表明,民主决策、有效监督、专业人才支撑能够确保集体经济组织运营高效、风险可控,为经营绩效持续提升提供了有力支撑。相反,管理不善的组织往往决策失误频发、内部矛盾突出,经营绩效下滑。例如,沧州市某村在发展乡村旅游项目时,起初决策过程缺乏民主,村干部自行决定项目规划,未充分考虑村民意见和市场需求,导致项目启动后游客稀少,经营效益不佳。后来村里成立了由村民代表组成的项目决策小组,重大事项均由小组投票表决,充分尊重民意。同时,成立独立监事会,加强对项目资金使用、工程建设等方面的监督,定期公开财务信息,保障村民知情权。此外,村里还邀请旅游专家为村民培训导游知识、服务礼仪等,引进专业管理人才负责项目运营。经过整改,该乡村旅游项目逐渐走上正轨,游客数量稳步增长,集体经济收入大幅提高,经营绩效明显改善,资产回报率提高了15个百分点。

第五节　新型农村集体经济组织治理理论重构与路径分析

一、新型农村集体经济组织治理理论重构

梳理现有农村集体经济组织治理理论,发现传统理论在资源匮乏型农村

集体经济发展中存在一定局限性。一方面,部分理论过于侧重经济增长,忽视了资源约束与社会公平,导致发展不可持续;另一方面,对村庄内生动力激发不足,过于依赖外部扶持,难以形成长效发展机制。但传统理论在组织架构、基本运营管理等方面也提供了一定的基础框架,具有借鉴意义。在梳理现有理论的基础上,课题组将公共池塘资源自主治理理论与共建共治共享社会治理理论相结合,引入新型农村集体经济发展实践领域,通过"资源共建"解决资源匮乏问题,依靠"社会共治"创新集体经济发展制度,利用"成果共享"平衡利益分配。

第一,利用社会资本来"共建"集体的公共池塘资源,以解决新型农村集体经济发展面临的资源短缺难题。社会资本是通过信任关系构建的社会网络结构。基于情感和能力的信任既能帮助获取资金、缓解资金短缺问题,又能提升集体行动的可能性。社会网络作为人与人互动形成的稳定关联体系,具备共享信息、提供担保和分担风险等优势。因此,社会资本丰富的村庄可以借助信任关系和社会网络,推动物质资源的汇聚和村庄发展信息的传播。进而,村集体成员可以利用汇聚的村庄资源来"共建"新型农村集体经济发展的物质基础——公共池塘资源。由于对公共池塘资源形成有贡献的成员都有权主张所有权,这种公共池塘资源具有集体共有的特性,可作为新型农村集体经济发展的基础。

第二,以自主治理为基础实现资源利用的"社会共治",来创新新型农村集体经济发展制度。社会共治强调多元主体共同治理,相关理论包含以自主治理为基础的多中心治理。在新型农村集体经济发展中,社会共治以自主治理为依托,激发村集体内多元主体参与公共事务治理的积极性,促进公共池塘资源的有效利用和新型农村集体经济的持续发展。通过中国化的自主治理能够实现"社会共治",进而创新新型农村集体经济发展制度。

第三,可采用股权配置手段实现资源收益的"成果共享",对新型农村集体经济发展的分配格局进行调控。农村集体林权制度改革在传统"产权缺失说"中虽可能导致农村集体资产流失,但其通过股权配置分配集体收益的方法值得借鉴。在实际操作中,各级财政投入的部分项目资金通过折股量化转化为集体经济组织股权，为贫困村集体经济提供了项目支持，保障了贫困户脱贫致富的稳定性和长期性。由此可见，股权配置的核心是利益分配。因此，在分配公共池塘资源收益时，可借助股权配置来调整集体成员的收益分配格局，以达成共同富裕的目标。

第四，在新型农村集体经济发展的共建共治共享治理体系中，共建是基础，强调多主体共同参与新型农村集体经济建设。共享是目标，旨在推动新型农村集体经济发展成果惠及全部集体成员。共治是核心环节，亦是关键所在，这要求形成集体成员通过自主治理共同参与新型农村集体经济发展的治理体系。只有以多元主体参与的自主治理，实现对作为新型农村集体经济发展基础的公共池塘资源的有效治理，最终达成"社会共治"，才能走出公共池塘资源利用的哈丁式"公地悲剧"、黑勒式"反公地悲剧"及一分了之的"私地悲剧"。因此，只有真正把"共治"落到实处，才能将"共建"持续推进，并最终实现"共享"的效果。基于以上分析，本章构建了一个关于新型农村集体经济发展和公共治理的理论框架。如图6-1所示，该框架说明了中国场景下公共池塘资源的共建共治共享是如何促进新型农村集体经济的发展，并明确了社会资本、自主治理及股权配置在其中的作用。

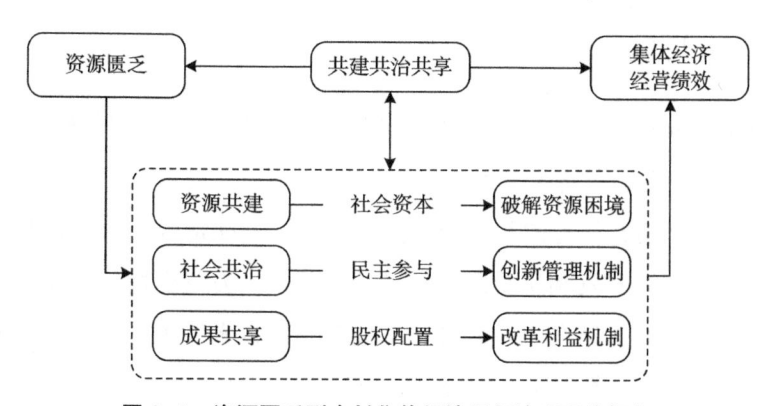

图6-1 资源匮乏型农村集体经济组织治理理论框架

第五，剖析新型农村集体经济发展的共建共治共享治理体系，其内部各环节环环相扣、协同发力。"共建"作为根基性要素，重点聚焦于动员多主体齐心协力投身新型农村集体经济建设大业。无论是本村的集体组织、广大村民,还是来自外部的企业、社会组织等力量,都应携手并肩,为农村集体经济的大厦垒砌砖石,源源不断地输送发展动能。"共享"无疑是整个体系的价值归宿,它锚定的方向是让新型农村集体经济在发展进程中孕育出的每一份红利,毫无遗漏地精准惠及全体集体成员,是居民生活品质跃升、幸福感提升的有力支撑。而处在体系核心位置的"共治",不仅是关键节点,更是承前启后的枢纽。这迫切需要搭建起一个能让集体成员依托自主治理模式,深度融入新型农村集体经济发展全过程的稳固治理架构。具体实践路径为,凭借多元主体全方位参与的自主治理范式,对充当新型农村集体经济发展"土壤"的公共池塘资源予以精细且科学的管控,逐步蹚出一条通向"社会共治"的通途。

基于上述剖析,在现有文献研究基础上,本章构筑起资源匮乏型农村集体经济组织治理理论框架(见图6-1)。该框架明晰了社会资本在资源聚集初始阶段的撬动潜能、自主治理在资源运营管理流程中的关键价值,以及股权配置于成果分配收官阶段的平衡要义。

二、组织治理水平提升的具体路径分析

(一)产权制度优化

全面清查集体资产,利用现代信息技术建立资产台账,明确资产权属,解决产权模糊问题。在某山区农村,过去集体资产状况较为混乱,山林、耕地的边界模糊不清,村里的几处老仓库、加工厂等固定资产的产权归属也存在争议,导致资源开发利用受限,村民矛盾频发。为改变这一局面,村集体引入专业测绘团队,结合卫星影像、实地勘测等技术手段,对全村土地、山林进行精准测绘,详细记录每一块土地的四至范围、面积、土地性质等信息,并将这些数据录入专门的资产管理软件,建立电子资产台账。同时,组织村里的老干部、熟悉情况的村民代表成立资产清查小组,对村集体的仓库、加工厂、农机具等固定资产进行全面清查盘点,通过查阅历史资料、走访当年参与建设的人员等方式,追溯资产的购置资金来源、建设过程,确定产权归

第六章　组织变革能促进资源匮乏型农村集体经济发展吗？——基于组织治理水平视角

属。经过一系列努力，村里的资产权属得以明晰，为后续的集体经济发展奠定了坚实基础。例如，明晰产权后的一片山林，吸引了外来企业投资开发生态旅游项目，不仅盘活了闲置资源，还为村集体带来了可观的租金收入，村民也通过参与旅游服务获得了额外的劳动报酬，有效化解了以往因产权不明导致的矛盾纠纷。

推进股权多元化改革，鼓励村民以土地、资金、技术等多种要素入股，优化股权结构，同时完善股权流转机制，提高资产流动性。以平原某村庄为例，该村传统农业种植模式效益不佳，农村集体经济发展缓慢。为突破困境，村"两委"决定推进集体经济股权多元化改革。一方面，积极动员村民以土地入股，将分散的土地集中起来，统一规划经营，发展规模化特色种植产业，如有机蔬菜、水果种植等。村民按照土地面积折合成相应股份，参与年底分红。另一方面，鼓励有资金实力的村民以及在外创业有成、愿意回乡反哺的村民投入资金入股，为产业发展注入资金流，用于购买先进的农业生产设备、建设灌溉设施等，这些资金投入者依据出资额获得相应股权。此外，对于村里掌握种植技术、电商运营技术等专业技能的人才，村集体给予技术入股的机会，让他们凭借技术专长负责产业的技术指导、产品销售等关键环节，并根据技术贡献度确定股权比例。通过这种多要素入股的方式，优化了农村集体经济组织的股权结构，充分调动了各类资源要素的积极性。

同时，为提高资产流动性，村集体制定完善的股权流转机制，成立专门的股权管理办公室，负责股权登记、变更等事宜；规定村民在因外出务工、搬迁等特殊原因需要转让股权时，需向股权管理办公室提出申请，办公室按照既定流程进行审核，确保股权流转符合规范。例如，一位村民因全家搬至城市定居，无暇顾及村里的产业，便将自己的土地股权按照市场评估价转让给本村另一位有意扩大种植规模的村民，转让过程在股权管理办公室的监督下顺利完成，既保障了出让方的权益，又让受让方能够及时扩大生产规模，进一步提高产业效益，使农村集体经济发展更加灵活高效。

(二) 利益机制完善

(1) 规范成员利益分配，依据股份与劳动贡献科学核算分红与工资，保障成员权益。在某脱贫村 A，农村集体经济组织以往的利益分配较为随意，村民对分红和劳动报酬的计算方式心存疑虑，参与集体事务的积极性不高。为改变这一状况，村"两委"邀请专业财务人员，结合本村实际情况，制定了详细的利益分配制度。首先，对集体资产进行股份制改造，明确村民的股份份额，股份依据村民的土地入股面积、资金投入额度等要素综合确定。在年底核算分红时，严格按照股份比例进行分配，确保公平公正。其次，针对村民参与集体经济产业项目的劳动付出，设立了详细的工时记录与劳动绩效评估体系。例如，在村里发展的手工编织扶贫车间项目中，村民每完成一件合格产品都记录相应工时，根据产品质量、工作效率等指标评定劳动绩效等级，每月工资按照工时乘以绩效系数核算发放。通过这种科学严谨的分配方式，村民都能切实感受到多劳多得、按股分红的公平性，参与热情大幅提升，纷纷主动投身到集体经济建设中来，为村庄脱贫注入了动力。

(2) 强化产业联动，引导集体经济组织与上下游企业深度合作，拓展产业链，共享发展红利。同样在 A 村，村里原本主要依靠种植单一农作物为生，经济效益微薄，且面临市场波动风险大的困境。村"两委"积极谋划，主动与周边城市的农产品加工企业、大型商超以及农资供应商等上下游企业对接。一方面，与农资供应商签订长期合作协议，凭借大规模采购优势，以优惠价格购入种子、化肥、农药等农资，降低生产成本；同时，供应商为村里提供免费的农业技术培训，帮助提高农作物产量与质量。另一方面，与农产品加工企业建立深度合作，企业提前预订村里种植的农产品作为原料，保障村民稳定销售渠道，还对农产品进行深加工，提升附加值，并按约定比例将部分加工利润返还给村集体。村集体再利用这部分收益投资建设小型仓储物流设施，与大型商超合作，将村里特色农产品直接送上商超货架，进一步拓展销售渠道。通过一系列产业联动举措，村里形成了"种植—加工—销售"完整产业链，集体经济收入大幅增长，村民不仅从农产品种植环节获得收益，还分享到产业链上下游带来的红利,生活水平显著改善。

(3) 建立健全风险共担机制,足额提取风险基金,推广农业保险,增强应对风险能力。由于 A 村地处山区,自然条件复杂多变,该村农业生产常面临自然灾害、病虫害等风险威胁。为保障集体经济稳定发展,村集体建立了完善的风险共担机制。每年从集体收入中足额提取 10% 作为风险基金,专款专用,主要用于应对突发灾害后的生产恢复。例如,在一次暴雨引发的洪涝灾害后,村里的部分农田被冲毁,农作物受灾严重,风险基金立即启动,购买新的种子、化肥,帮助受灾农户迅速补种,最大限度地减少损失。同时,村"两委"积极与保险公司合作,推广农业保险,向村民详细讲解保险政策、理赔范围与流程,鼓励村民为自家农田、养殖项目投保。在一次大规模病虫害侵袭时,投保农户顺利获得保险理赔,弥补了大部分经济损失,保障了家庭生计。通过风险基金与农业保险的双重保障,农村集体经济在面对风险时具备了更强的韧性,村民发展生产的信心也更加坚定。

(三) 管理机制健全

(1) 完善决策机制,严格执行民主决策程序,重大事项经成员大会或代表大会表决通过,确保决策科学性。在脱贫 C 村,以往农村集体经济事务决策多由村"两委"少数干部拍板,村民参与度低,导致一些项目因缺乏民意基础和科学论证,实施效果不佳,甚至半途而废,挫伤了村民发展集体经济的积极性。为扭转局面,村"两委"痛定思痛,决定完善决策机制。此后,但凡涉及集体经济的重大事项,如引进新的产业项目、大额资金使用、集体资产处置等,都必须严格遵循民主决策程序。首先,提前一周通过村里的广播、公示栏、微信群等多种渠道,向全体村民公布事项详情,包括项目背景、预期收益、风险评估等信息,保障村民知情权。其次,组织召开成员大会或代表大会,让村民充分发表意见、展开讨论。例如,村里计划引入一个特色养殖项目,在决策会议上,村民各抒己见,有的凭借多年务农经验提出养殖场地选址的优化建议,有的从市场角度分析潜在销售渠道,经过热烈讨论和权衡利弊,最终以超过 2/3 的参会代表表决同意后,项目才得以通过。这种民主决策方式,让决策充分吸收民意、汇聚民智,确保项目贴合村庄实际,为后续顺利推进奠定坚实基础,极大提升了村民参与集体经济事务的热情与信心。

(2)强化监督机制,成立独立监事会,加强财务审计与信息公开,保障集体资产安全。C村在集体经济发展初期,由于缺乏有效监督,财务管理较为混乱,资金使用去向不明晰,引发村民诸多猜疑和不满,影响了村集体的凝聚力。为改变这一现状,村里成立了独立于村"两委"的监事会,成员由村民代表大会选举产生,涵盖具备财务知识的村民、德高望重的老党员等不同群体,以确保监督的公正性与专业性。监事会定期对村集体经济组织的财务账目进行全面审计,重点审查资金收支的合法性、合理性,资产购置处置的规范性等关键环节。例如,在一次对扶贫产业项目资金使用的审计中,监事会发现部分资金支出凭证不齐全,立即要求相关责任人补齐资料并做出详细说明,及时堵住了财务漏洞。同时,村集体加大信息公开力度,每月初在村务公开栏详细公布上月的财务收支明细、集体资产变动情况、重大项目进展等信息,并同步在微信群推送,方便村民随时查阅、监督。通过强化监督机制,村里的财务状况变得清晰透明,集体资产得到有效监管,村民对村集体的信任度显著回升,为集体经济持续健康发展营造了良好环境。

(3)制定优惠政策吸引外部专业人才,为集体经济发展注入活力。鉴于C村缺乏专业技术和管理人才,产业发展受限,村"两委"意识到必须"引智"破局。于是,村里制定了一系列优惠政策吸引外部人才。一方面,为前来创业或就业的专业人才提供免费住房,消除他们的后顾之忧。例如,从邻县聘请的一位农业技术专家,村里将闲置的村小学宿舍修缮后供其居住,让他能安心扎根村庄。另一方面,给予人才一定的项目利润分成或股权奖励,激发他们的积极性与创造力。例如,村里引进一位电商运营人才,负责拓展农产品线上销售渠道,除了给予基本工资,还承诺根据线上销售额给予10%的利润分成。此外,为人才搭建施展才华的平台,积极配合他们开展工作,还提供必要的资源支持。在这些优惠政策吸引下,陆续有农业技术、电商运营、企业管理等领域的专业人才加入,为他们带来新思路、新技术、新渠道,为贫困村的集体经济发展注入强大活力，助力村庄产业快速升级，逐步走上脱贫致富之路。

第六节　本章小结

资源匮乏型农村并非边缘性的研究对象。统计数据显示，截至2022年底，仍有22.21%的农村集体经济没有经营性收入，并且有经营性收入村落中仍有22.44%的农村集体经济经营性收入低于5万元。这类农村的集体经济发展水平不仅直接影响区域发展均衡性和共同富裕目标的实现，也关乎整个乡村振兴战略的成败。在资源匮乏型农村，传统依赖自然资源或地理优势推动集体经济发展的路径不可复制，迫切需要从内部组织机制与治理结构出发寻找新的增长点。本研究试图回答的核心问题是：组织变革能否成为提升资源匮乏型农村集体经济绩效的有效路径？

为回答上述问题，本章基于课题组在河北省的调研数据，在构建资源匮乏型农村集体经济组织治理水平和经营绩效评价体系的基础上，实证检验了资源匮乏型农村集体经济组织治理水平对经营绩效的影响，研究结果表明集体经济组织治理水平能显著提升集体经济的经营绩效，提升农村集体经济水平是激活资源匮乏型农村发展农村集体经济的重要渠道。在此基础上，本章将公共池塘资源自主治理理论与共建共治共享社会治理理论相结合，引入新型农村集体经济发展实践领域，通过"资源共建"解决资源匮乏问题，依靠"社会共治"创新集体经济发展制度，利用"成果共享"平衡利益分配，重构新型治理理论框架并提出集体经济组织治理水平提升的具体路径。本章研究结论不仅丰富了农村集体经济理论体系，也有望为现实中的"弱村突围"提供实践指南。

参考文献

[1] 马克思恩格斯文集（第4卷）[M]. 北京：人民出版社，2009：509-531.

[2] 马克思恩格斯全集（第39卷）[M]. 北京：人民出版社，1995：818-1036.

[3] 马克思恩格斯选集（第3卷）[M]. 北京：人民出版社，1995：352-378.

[4] 马克思. 资本论（第3卷）[M]. 北京：人民出版社，2004：912.

[5] 恩格斯. 反杜林论[M]. 北京：人民出版社，1999.

[6] 恩格斯. 家庭、私有制和国家的起源[M]. 北京：人民出版社，2018.

[7] 马克思恩格斯全集（第19卷）[M]. 北京：人民出版社，1963：269.

[8] 马克思恩格斯文集（第4卷）[M]. 北京：人民出版社，2009：529.

[9] 孙凯飞. 社会主义发展阶段和"卡夫丁峡谷"问题[J]. 马克思主义研究，1997（6）：55-62.

[10] 施远涛. 中国家户制与印度村社制起源的比较研究：基于历史制度主义"制度生成"分析范式[J]. 湖北行政学院学报，2017（1）：56-61.

[11] 李冬梅. 马克思和恩格斯的农业合作思想及其当代启示[J]. 农业经济，2024（9）：35-37.

[12] 蒋淑晴. 马克思恩格斯合作社思想的历史演进及当代启迪：基于经典文本的考量[J]. 当代世界社会主义问题，2021（3）：12-24.

[13] 列宁全集（第43卷）[M]. 北京：人民出版社，1987：369.

[14] 马克思恩格斯选集（第3卷）[M]. 北京：人民出版社，1995：60.

[15] VIOLA L. Peasant rebels under Stalin：Collectivization and the culture of peasant resistance[M]. New York：Oxford University Press，1999.

[16] 周振. 农村集体经济混合经营实现形式：作用机理、主要障碍与政策体系［J］. 宏观经济研究，2023（8）：92-104.

[17] 傅尔基. 我国集体经济改革发展混合所有制经济的实践分析和深度思考［J］. 中国集体经济，2017（23）：27-29.

[18] 马克思恩格斯文选两卷集（第2卷）［M］. 莫斯科：外国文书籍出版局，1995：434.

[19] 马克思恩格斯全集（第22卷）［M］. 北京：人民出版社，1965：586.

[20] 马克思恩格斯全集（第16卷）［M］. 北京：人民出版社，1964：13.

[21] 黄旭东，冉光仙. 城乡"关系"的建构、形塑与共美：马克思恩格斯城乡关系论述对当代中国乡村振兴的启示［J］. 贵州社会科学，2020（12）：11-17.

[22] 列宁选集（第4卷）［M］. 北京：人民出版社，1972：687.

[23] 列宁全集（第1卷）［M］. 北京：人民出版社，2017：240.

[24] 斯大林选集（下卷）［M］. 北京：人民出版社，1979：320.

[25] 斯大林选集（下卷）［M］. 北京：人民出版社，1979：228.

[26] 斯大林选集（下卷）［M］. 北京：人民出版社，1979：82.

[27] 苏联部长会议中央统计局. 苏联国民经济六十年：纪念统计年鉴［M］. 上海：三联书店，1979.

[28] 列宁全集（第43卷）［M］. 北京：人民出版社，1987：364.

[29] 毛泽东文集（第6卷）［M］. 北京：人民出版社，1999：1058.

[30] 毛泽东选集（第1卷）［M］. 北京：人民出版社，1991：133-134.

[31] 毛泽东文集（第6卷）［M］. 北京：人民出版社，1999：464.

[32] 毛泽东文集（第6卷）［M］. 北京：人民出版社，1999：462.

[33] 毛泽东著作专题摘编［M］. 北京：中央文献出版社，2003：846.

[34] 毛泽东文集（第6卷）［M］. 北京：人民出版社，1999：460.

[35] 毛泽东文集（第6卷）［M］. 北京：人民出版社，1999：303.

[36] 毛泽东文集（第6卷）［M］. 北京：人民出版社，1999：427.

[37] 建国以来重要文献选编（第十一册）［M］. 北京：人民出版社，1995：467.

[38] 毛泽东文集（第7卷）[M]. 北京：人民出版社，1999：67.

[39] 邓小平文选（第3卷）[M]. 北京：人民出版社，1993：355.

[40] 邓小平文选（第2卷）[M]. 北京：人民出版社，1994：315.

[41] 李君如. 邓小平治国论[M]. 北京：人民出版社，2016：213.

[42] 邓小平文选（第3卷）[M]. 北京：人民出版社，1993：177.

[43] 邓小平文选（第1卷）[M]. 北京：人民出版社，1993：323.

[44] 邓小平文选（第2卷）[M]. 北京：人民出版社，1994：316.

[45] 邓小平文选（第3卷）[M]. 北京：人民出版社，1993：373.

[46] 邓小平文选（第3卷）[M]. 北京：人民出版社，1993：238.

[47] 邓小平年谱（1975—1997）（下卷）[M]. 北京：人民出版社，2004：1349.

[48] 邓小平文选（第3卷）[M]. 北京：人民出版社，1993：139.

[49] 邓小平文选（第3卷）[M]. 北京：人民出版社，1993：275.

[50] 邓小平文选（第3卷）[M]. 北京：人民出版社，1993：364.

[51] 邓小平文选（第1卷）[M]. 北京：人民出版社，1994：324.

[52] 江泽民文选（第3卷）[M]. 北京：人民出版社，2006：548.

[53] 江泽民文选（第2卷）[M]. 北京：人民出版社，2006：20.

[54] 江泽民文选（第2卷）[M]. 北京：人民出版社，2006：212.

[55] 江泽民文选（第3卷）[M]. 北京：人民出版社，2006：549.

[56] 江泽民文选（第2卷）[M]. 北京：人民出版社，2006：224.

[57] 江泽民文选（第2卷）[M]. 北京：人民出版社，2006：229.

[58] 江泽民文选（第1卷）[M]. 北京：人民出版社，2006：559.

[59] 江泽民文选（第3卷）[M]. 北京：人民出版社，2006：548.

[60] 江泽民文选（第1卷）[M]. 北京：人民出版社，2006：615.

[61] 江泽民文选（第2卷）[M]. 北京：人民出版社，2006：24.

[62] 十七大以来重要文献选编（上册）[M]. 北京：中央文献出版社，2009：674.

[63] 中共中央关于推进农村改革发展若干重大问题的决定［M］. 北京：人民出版社，2008：13.

[64] 胡锦涛文选（第3卷）［M］. 北京：人民出版社，2016：350.

[65] 习近平关于"三农"工作论述摘编［M］. 北京：中央文献出版社，2019：144.

[66] 习近平. 党的二十大报告辅导读本［M］. 北京：人民出版社，2022：28.

[67] 习近平. 党的十九大报告辅导读本［M］. 北京：人民出版社，2017：31-32.

[68] 习近平. 论坚持全面深化改革［M］. 北京：中央文献出版社，2018：399.

[69] 习近平. 论"三农"工作［M］. 北京：中央文献出版社，2022：16.

[70] 国务院发展研究中心. 中国农村改革二十年回顾与展望［M］. 北京：中国发展出版社，1998：56-71.

[71] 费孝通. 小城镇四记［M］. 北京：新华出版社，1985：89-104.

[72] 张军. 转型中政府的退出与干预：乡镇企业改制的政治经济学［J］. 经济研究，2003（4）：21-30.

[73] 刘世锦. 中国乡镇企业产权改革备忘录［M］. 北京：中信出版社，2005：88-101.

[74] 周其仁. 城乡中国（上册）［M］. 北京：中信出版社，2013：155-168.

[75] 国土资源部. 全国土地利用变更调查报告（2001）［R］. 北京：地质出版社，2002：45-47.

[76] 王金南. 环境政策创新与可持续发展［M］. 北京：中国环境科学出版社，2000：77-84.

[77] 国务院发展研究中心. 乡镇工业污染及其治理对策研究［R］. 北京：国研报告，1999：1-15.

[78] 林毅夫. 中国乡镇企业：所有制结构变迁与资源配置效率［J］. 经济学季刊，2002（3）：101-120.

[79] 黄益平. 制度性扭曲与中国经济增长模式转型 [J]. 比较, 2007 (28): 34-49.

[80] 国务院发展研究中心. 取消农业税对农村发展的影响研究 [R]. 北京: 国研报告, 2006: 22-30.

[81] 国土资源部. 全国农村土地流转调查报告 [R]. 北京: 地质出版社, 2012: 55-67.

[82] 农业部农村经济研究中心. 中国农村政策执行评估报告 [R]. 北京: 中国农业出版社, 2013: 112-134.

[83] 陈锡文. 中国农村改革: 回顾与展望 [M]. 北京: 人民出版社, 2009: 144-156.

[84] 郭晓鸣, 王蔷. 深化农村集体产权制度改革的创新经验及突破重点 [J]. 中国农村经济, 2020 (7): 15-28.

[85] 周其仁. 城乡中国 (下册) [M]. 北京: 中信出版社, 2013: 177-191.

[86] 刘守英. 土地制度与中国发展 [M]. 北京: 中国人民大学出版社, 2018: 203-219.

[87] 浙江省农业农村厅. 浙江省农村集体经济发展典型案例汇编 [Z]. 杭州: 浙江人民出版社, 2015: 34-47.

[88] 寿光市农业局. 寿光蔬菜产业服务体系创新实践 [R]. 寿光: 寿光市农业局, 2013: 18-25.

[89] 国家统计局. 中国农村统计年鉴 (2013) [Z]. 北京: 中国统计出版社, 2013: 89-102.

[90] 新华社. 习近平主持中共中央政治局第八次集体学习并讲话 [EB/OL]. (2018-09-22) [2025-06-23]. https://www.gov.cn/xinwen/2018-09/22/content_5324654.htm.

[91] 韩长赋. 国务院关于农村集体产权制度改革情况的报告: 2020 年 4 月 26 日在第十三届全国人民代表大会常务委员会第十七次会议上 [J]. 中华人民共和国全国人民代表大会常务委员会公报, 2020 (2): 458-462.

[92] 中共中央国务院关于实施乡村振兴战略的意见[J]. 中华人民共和国农业部公报, 2018（2）: 4-15.

[93] 倪坤晓. 新时期深化农村改革的政策框架、面临挑战与应对举措[J]. 中州学刊, 2023（10）: 22-29.

[94] 杨庆媛, 杨人豪, 曾黎, 等. 农村集体经营性建设用地入市促进农民土地财产性收入增长研究: 以成都市郫都区为例[J]. 经济地理, 2017, 37（8）: 155-161.

[95] 习近平. 切实把思想统一到党的十八届三中全会精神上来[J]. 求是, 2014（1）: 3-6.

[96] 冯小. 多元化农业经营主体融合发展的实践路径研究[J]. 华中农业大学学报（社会科学版）, 2024（2）: 38-47.

[97] 王辉, 金子健. 新型农村集体经济组织的自主治理和社会连带机制: 浙江何斯路村草根休闲合作社案例分析[J]. 中国农村经济, 2022（7）: 18-37.

[98] 江苏省南京市: 大数据护航村级资产财务管理[J]. 农村财务会计, 2021（9）: 7-9.

[99] 习近平. 高举中国特色社会主义伟大旗帜为全面建设社会主义现代化国家而团结奋斗: 在中国共产党第二十次全国代表大会上的报告[J]. 中华人民共和国国务院公报, 2022（30）: 4-27.

[100] 杜志雄, 肖卫东. 农业规模化经营: 现状、问题和政策选择[J]. 江淮论坛, 2019（4）: 11-19, 28.

[101] 伍骏骞, 刘涛, 杨奇才. 新型农村集体经济发展再认识: 困境研判、逻辑分化与路径审思[J]. 中国林业经济, 2024（6）: 23-32.

[102] 杨旭, 杜鑫. 飞地经济促进乡村振兴发展集体经济的实践与建议[J]. 中国集体经济, 2024（23）: 1-5.

[103] 杜思怡, 何丹, 徐进. 城乡联动凝聚合力促进新型农村集体经济高质量发展[J]. 上海农村经济, 2023（2）: 17-18.

[104] 滕飞, 覃桂才. 基于城乡融合发展视角的新型农村集体经济创新发展

与政策优化［J］．现代农业研究，2024，30（7）：18-21．

［105］唐丽霞，张一珂．从股权配置看集体经济组织的封闭性与开放性：基于昆明市农村集体产权制度改革的调查［J］．西北农林科技大学学报（社会科学版），2022，22（3）：98-104．

［106］王山，奉公．联盟化与虚拟化：农民合作经济组织模式的创新选择［J］．探索与争鸣，2016（6）：55-60．

［107］罗志勇．农村集体经济推进农民共同富裕的价值意蕴与路径研究：以江浙地区农村集体经济发展实践为例［J］．观察与思考，2022（11）：71-79．

［108］HAUSMANN R, NEDELKOSKA L. Welcome home in a crisis: Effects of return migration on the non-migrants' wages and employment［J］. European Economic Review, 2018（101）: 101-132.

［109］ADDA J, DUSTMANN C, GÖRLACH J S. The dynamics of return migration, human capital accumulation, and wage assimilation［J］. The Review of Economic Studies, 2022, 89（6）: 2841-2871.

［110］SANTOS M D D, POSTEL-VINAY F. Migration as a source of growth: the perspective of a developing country［J］. Journal of Population Economics, 2003, 16（1）: 161-175.

［111］PODDER N, CHATTERJEE S. Sharing the national cake in post reform New Zealand: income inequality trends in terms of income sources［J］. Journal of Public Economics, 2002, 86（1）: 1-27.

［112］COHEN J M, UPHOFF N T. Participation's place in rural development: Seeking clarity through specificity［J］. World Development, 1980, 8（3）: 213-235.

［113］柳志娣，张骁．乡村振兴背景下数字农业建设过程演进及机制：基于云南省双柏县的案例分析［J］．中国人民大学学报，2024，38（4）：76-90．

［114］仲春，王政宇．数据不正当竞争纠纷的司法实践与反思［J］．北京航

空航天大学学报（社会科学版），2022，35（1）：22-33.

[115] ZHENG H. Study on amalgamation of the logistics industry and manufacturing industry：Shanghai's case study［D］. Malmö：World Maritime University，2021：48.

[116] 杨素雯，齐鹏. 农村人口空心化：多维内涵、潜在风险与治理策略［J］. 东岳论丛，2025，46（2）：139-148，192.

[117] 陈雪. 乡村振兴背景下村干部队伍建设的困境及对策研究［J］. 山西农经，2025（3）：25-28.

[118] 杨艳文. 乡村振兴视域下农业农村现代化面临的社会风险及化解之道［J］. 领导科学，2021（18）：83-86.

[119] 魏广成，孔祥智. 深化农村集体产权制度改革的逻辑框架、难点阻点与制度构建［J］. 南京农业大学学报（社会科学版），2024，24（6）：14-24.

[120] 福建省晋江市农业农村局. 福建省晋江市集中开展农村集体"三资"监管专项整治行动［J］. 农村经营管理，2021（4）：32-33.

[121] LI B，PIACHAUD D. Technological innovations and social development in Asia［J］. Journal of Asian Public Policy，2019，12（1）：1-14.

[122] QI J，ZHENG X，GUO H. The formation of Taobao villages in China［J］. China Economic Review，2019，53：106-127.

[123] ZANELLO G，SRINIVASAN C S. Information sources，ICTs and price information in rural agricultural markets［J］. The European Journal of Development Research，2014，26（5）：815-831.

[124] COUTURE V，FABER B，GU Y，et al. Connecting the countryside via e-commerce：evidence from China［J］. American Economic Review：Insights，2021，3（1）：35-50.

[125] 林海英，侯淑霞，赵元凤，等. 农村电子商务能够促进贫困户稳定脱贫吗：来自内蒙古的调查［J］. 农业技术经济，2020（12）：81-93.

[126] 唐跃桓，杨其静，李秋芸，等. 电子商务发展与农民增收：基于电子

商务进农村综合示范政策的考察[J]. 中国农村经济, 2020 (6): 75-94.

[127] 李宏兵, 王爽, 赵春明. 农村电子商务发展的收入分配效应研究: 来自"淘宝村"的经验证据[J]. 经济经纬, 2021, 38 (1): 37-47.

[128] 唐红涛, 李胜楠. 电子商务、脱贫攻坚与乡村振兴: 作用及其路径[J]. 广东财经大学学报, 2020, 35 (6): 65-77.

[129] 李连梦, 吴青. 电子商务能促进农村脱贫减贫吗?: 基于贫困户与非贫困户的比较[J]. 哈尔滨商业大学学报(社会科学版), 2020 (2): 67-83.

[130] 葛静茹, 焦世奇, 蒋良骏. 电子商务在农村振兴中的应用研究[J]. 农业经济问题, 2019 (12): 143.

[131] 马晓河, 胡拥军. "互联网+"推动农村经济高质量发展的总体框架与政策设计[J]. 宏观经济研究, 2020 (7): 5-16.

[132] 梅燕, 蒋雨清. 乡村振兴背景下农村电商产业集聚与区域经济协同发展机制: 基于产业集群生命周期理论的多案例研究[J]. 中国农村经济, 2020 (6): 56-74.

[133] 许竹青, 郑风田, 陈洁. "数字鸿沟"还是"信息红利"? 信息的有效供给与农民的销售价格: 一个微观角度的实证研究[J]. 经济学(季刊), 2013, 12 (4): 1513-1536.

[134] 邱泽奇, 张樹沁, 刘世定, 等. 从数字鸿沟到红利差异: 互联网资本的视角[J]. 中国社会科学, 2016 (10): 93-115, 203-204.

[135] 梁强, 邹立凯, 王博, 等. 关系嵌入与创业集群发展: 基于揭阳市军埔淘宝村的案例研究[J]. 管理学报, 2016, 13 (8): 1125-1134.

[136] 鲁钊阳, 廖杉杉. 农产品电商发展的增收效应研究[J]. 经济体制改革, 2016 (5): 86-92.

[137] 李琪, 唐跃桓, 任小静. 电子商务发展、空间溢出与农民收入增长[J]. 农业技术经济, 2019 (4): 119-131.

[138] AKER J C, FAFCHAMPS M. Mobile phone coverage and producer mar-

kets: Evidence from West Africa [J]. The World Bank Economic Review, 2015, 29 (2): 262-292.

[139] ZHANG M, DONG J, ZHANG Y. The Impact of Rural ECommerce Development on Farmers' Income: A Multi-Dimensional Empirical Study [J]. Research on World Agricultural Economy, 2024: 387-402.

[140] 徐娇, 袁鹏举. 利益联结机制视角下农村电商产业可持续发展路径研究 [J]. 电子商务评论, 2024, 13 (4): 1429-1435.

[141] TADESSE G, BAHIIGWA G. Mobile phones and farmers' marketing decisions in Ethiopia [J]. World Development, 2015, 68: 296-307.

[142] NAKAYAMA Y. The impact of e-commerce: It always benefits consumers, but may reduce social welfare [J]. Japan and the World Economy, 2009, 21 (3): 239-247.

[143] 张佳, 王琛. 农村电子商务与产品多样化影响因素探究: 基于浙江淘宝村的实地调研分析 [J]. 地理科学进展, 2020, 39 (8): 1260-1269.

[144] 曾亿武, 蔡谨静, 郭红东. 中国"淘宝村"研究: 一个文献综述 [J]. 农业经济问题, 2020 (3): 102-111.

[145] 唐红涛, 郭凯歌, 张俊英. 电子商务与农村扶贫效率: 基于财政投入、人力资本的中介效应研究 [J]. 经济地理, 2018, 38 (11): 50-58.

[146] 涂冬山. 电子商务产业链拓展机制研究: 以杭州为例 [J]. 科学发展, 2011 (10): 73-83.

[147] 易莹莹, 喻明深. 数字化转型有助于制造业产业链韧性提升吗? [J]. 南京邮电大学学报 (社会科学版), 2025, 27 (1): 61-72.

[148] 余东华, 黄念. 数字化转型能够提升产业链韧性吗? [J]. 经济与管理研究, 2024, 45 (8): 81-102.

[149] DAS B. ICTs Adoption for Accessing Agricultural Information: Evidence from Indian Agriculture [J]. Agricultural Economics Research Review, 2014, 27 (2): 199-208.

[150] KABBIRI R, DORA M, KUMAR V, et al. Mobile phone adoption in

agri-food sector: Are farmers in Sub-Saharan Africa connected? [J]. Technological Forecasting and Social Change, 2018 (131): 253-261.

[151] 黄逾白. 新媒体时代农业跨境电商的信息不对称问题及优化策略 [J]. 农业经济, 2021 (10): 126-128.

[152] 李鲁, 李剑芳. 电子商务中信息不对称问题的博弈模型分析及对策建议 [J]. 甘肃理论学刊, 2023 (3): 100-107.

[153] 严敏, 曹玲玲. 农村电子商务创新模式下区域文化产业品牌培育及形象维护机制研究: 基于"淘宝村、淘宝镇"产业集群 [J]. 文化创新比较研究, 2021, 5 (9): 162-164, 182.

[154] 杨烁, 孙小舟. 湖北省襄阳市农产品地理标志的电子商务发展路径研究 [J]. 商展经济, 2025 (6): 55-58.

[155] LI X, GUO H, JIN S, et al. Do farmers gain internet dividends from E-commerce adoption? Evidence from China [J]. Food Policy, 2021, 101: 102024.

[156] FEI R, LIN Z, CHUNG A J. How land transfer affects agricultural land use efficiency: Evidence from China's agricultural sector [J]. Land Use Policy, 2021, 103: 105300.

[157] COONEY K, WILLIAMS SHANKS T R. New approaches to old problems: Market-based strategies for poverty alleviation [J]. Social Service Review, 2010, 84 (1): 29-55.

[158] 王金杰, 牟韶红, 盛玉雪. 电子商务有益于农村居民创业吗?: 基于社会资本的视角 [J]. 经济与管理研究, 2019, 40 (2): 95-110.

[159] WANG C, TONG Q, XIA C, et al. Does participation in e-commerce affect fruit farmers' awareness of green production: Evidence from China [J]. Journal of Environmental Planning and Management, 2024, 67 (4): 809-829.

[160] QIU T W, LUO B L. What leads to a "tendency to plant grains" in agricultural planting structure? An empirical analysis based on the impact factors

of land property rights and factors allocation [J]. China Rural Economy, 2018 (2): 65-80.

[161] MUNDLAK Y, BUTZER R, LARSON D F. Heterogeneous technology and panel data: The case of the agricultural production function [J]. Journal of Development Economics, 2012, 99 (1): 139-149.

[162] ZHANG Y, TSAI C H, LIU W, et al. Farmers' policy cognition, psychological constructs and behavior of land transfer: Empirical analysis based on household surveys in Beijing [J]. China Agricultural Economic Review, 2023, 15 (2): 323-344.

[163] SU Y, HU M, ZHANG X. How does rural resilience affect return migration: evidence from frontier regions in China [J]. Systems, 2025, 13 (2): 89.

[164] WEN H, JINHUA Z, ZHAOJIU C. Farmland property rights, factor allocation and farmers' investment incentives: Short-term or long-term? [J]. Journal of Finance and Economics, 2020, 46 (2): 111-128.

[165] 张洪振, 任天驰, 杨汭华. 大学生村官推动了村级集体经济发展吗?: 基于中国第三次农业普查数据 [J]. 中国农村观察, 2020 (6): 102-121.

[166] 张洪振, 任天驰, 杨汭华. 村两委"一肩挑"治理模式与村级集体经济: 助推器或绊脚石? [J]. 浙江社会科学, 2022 (3): 77-88, 159.

[167] 任天驰, 杨晓慧, 康丕菊. "大学生村官"如何服务乡村振兴?: 基于第三次农业普查10700个村级数据的实证研究 [J]. 中国青年研究, 2020 (11): 28, 52-59.

[168] HARDING D J. Counterfactual models of neighborhood effects: The effect of neighborhood poverty on dropping out and teenage pregnancy [J]. American journal of Sociology, 2003, 109 (3): 676-719.

[169] CHEN J, ZHONG Y. Why do people vote in semicompetitive elections in China? [J]. The Journal of Politics, 2002, 64 (1): 178-197.

[170] BESLEY T, MONTALVO J G, REYNAL-QUEROL M. Do educated lead-

［170］ ers matter? ［J］. The Economic Journal, 2011, 121（554）：F205-227.

［171］ BLOOM N, LEMOS R, SADUN R, et al. Does management matter in schools? ［J］. The Economic Journal, 2015, 125（584）：647-674.

［172］ YAO Y, ZHANG M. Subnational leaders and economic growth: evidence from Chinese cities ［J］. Journal of Economic Growth, 2015, 20（4）：405-436.

［173］ 高梦滔, 毕岚岚. 村干部知识化与年轻化对农户收入的影响：基于微观面板数据的实证分析 ［J］. 管理世界, 2009（7）：77-84, 92.

［174］ 刘宏, 毛明海. 村领导受教育程度对农村居民非农收入的影响：基于微观数据的实证分析 ［J］. 中国农村经济, 2015（9）：69-79.

［175］ 吴健, 张光磊. 同一屋檐下的不同感受：基层管理者与员工参与式管理感知差异研究 ［J］. 中国人力资源开发, 2016（20）：51-62.

［176］ 赵仁杰, 何爱平. 村干部素质、基层民主与农民收入：基于CHIPS的实证研究 ［J］. 南开经济研究, 2016（2）：129-152.

［177］ 杨婵, 贺小刚. 村长权威与村落发展：基于中国千村调查的数据分析 ［J］. 管理世界, 2019, 35（4）：90-108, 195-196.

［178］ 宋全云, 吴雨, 何青. 大学生村官能否促进农户增收？ ［J］. 世界经济文汇, 2019（5）：27-42.

［179］ 费孝通. 乡土中国 ［M］. 3版. 北京：北京出版社, 2011.

［180］ 王妍蕾. 村庄权威与秩序：多元权威的乡村治理 ［J］. 山东社会科学, 2013（11）：60-65.

［181］ 薛凤蕊, 乔光华, 苏日娜. 土地流转对农民收益的效果评价：基于DID模型分析 ［J］. 中国农村观察, 2011（2）：36-42, 86.

［182］ 彭新宇. 农业服务规模经营的利益机制：基于产业组织视角的分析 ［J］. 农业经济问题, 2019（9）：74-84.

［183］ 周稳海, 赵桂玲, 尹成远. 农业保险发展对农民收入影响的动态研究：基于面板系统GMM模型的实证检验 ［J］. 保险研究, 2014（5）：21-30.

[184] 莫海燕. 乡村振兴背景下农村职业教育的提升对农村经济发展影响研究 [J]. 农业经济, 2024 (11): 93-95.

[185] 吕丹, 李明珠. 基于演化博弈视角的"乡贤"参与乡村治理及其稳定性分析 [J]. 农业经济问题, 2020 (4): 111-123.

[186] 贺雪峰, 阿古智子. 村干部的动力机制与角色类型: 兼谈乡村治理研究中的若干相关话题 [J]. 学习与探索, 2006 (3): 71-76.

[187] FINKELSTEIN S, HAMBRICK D C. Top-management-team tenure and organizational outcomes: The moderating role of managerial discretion [J]. Administrative Science Quarterly, 1990: 484-503.

[188] ACHARYA S, NURIEV S. Role of public investment in growth and poverty reduction in transition economies [J]. Journal of Reviews on Global Economics, 2016, 5 (1): 310-326.

[189] 林毅夫. 新农村运动与启动内需 [J]. 小城镇建设, 2005 (8): 13-15.

[190] 姚升, 张士云, 蒋和平, 等. 粮食主产区农村公共产品供给影响因素分析: 基于安徽省的调查数据 [J]. 农业技术经济, 2011 (2): 110-116.

[191] 马晓河, 王为农. 21世纪初农村经济发展面临的挑战和任务 [J]. 经济研究参考, 2000 (5): 40-41.

[192] 陈锡文. 当前的农村经济发展形势与任务 [J]. 农业经济问题, 2006 (1): 7-11.

[193] 赵波, 张惠琴, 张宇翔, 等. 村干部素质特征与农村经济发展的关系研究 [J]. 农村经济, 2013 (11): 112-117.

[194] 王有捐. 也谈城镇居民收入的统计与调查方法: 与王小鲁博士及其课题组关于调查推算方法的商榷 [C] //中国经济体制改革研究会, 北京师范大学. 中国收入分配: 探究与争论. 北京: 中国经济出版社, 2010: 284-289.

[195] 施发启. 也评王小鲁博士的《灰色收入与国民收入分配》[C] //中国经济体制改革研究会, 北京师范大学. 中国收入分配: 探究与争论.

北京：中国经济出版社，2010：290-291.

[196] 孙秀林. 村庄民主及其影响因素：一项基于400个村庄的实证分析 [J]. 社会学研究，2008（6）：80-107，244.

[197] 郭云南，姚洋，JEREMY FOLTZ. 宗族网络、农村金融与平滑消费：来自中国11省77村的经验 [J]. 中国农村观察，2012（1）：32-45.

[198] 郭云南，姚洋. 宗族网络与农村劳动力流动 [J]. 管理世界，2013（3）：69-81，187-188.

[199] RUBIN D B. Estimating causal effects from large data sets using propensity scores [J]. Annals of Internal Medicine，1997，127（8）：757-763.

[200] 胡安宁. 社会科学因果推断的理论基础 [M]. 北京：社会科学文献出版社，2015.

[201] 张永丽，李青原，郭世慧. 贫困地区农村教育收益率的性别差异：基于PSM模型的计量分析 [J]. 中国农村经济，2018（9）：110-130.

[202] CALIENDO M，KOPEINIG S. Some practical guidance for the implementation of propensity score matching [J]. Journal of Economic Surveys，2008，22（1）：31-72.

[203] 简必希，宁光杰. 教育异质性回报的对比研究 [J]. 经济研究，2013，48（2）：83-95.

[204] BROWN D W，GREENE T J，SWARTZ M D，et al. Propensity score stratification methods for continuous treatments [J]. Statistics in Medicine，2021，40（5）：1189-1203.

[205] KLUVE J，SCHNEIDER H，UHLENDORFF A，et al. Evaluating continuous training programmes by using the generalized propensity score [J]. Journal of the Royal Statistical Society Series A：Statistics in Society，2012，175（2）：587-617.

[206] 韩佳丽，王志章，王汉杰. 新形势下贫困地区农村劳动力流动的减贫效应研究：基于连片特困地区的经验分析 [J]. 人口学刊，2018，40（5）：100-112.

[207] 康志勇，张宁，汤学良，等."减碳"政策制约了中国企业出口吗 [J]. 中国工业经济，2018（9）：117-135.

[208] AWOKUSE T O, XIE R. Does agriculture really matter for economic growth in developing countries? [J]. Canadian Journal of Agricultural Economics/Revue canadienne d'agroeconomie, 2015, 63（1）：77-99.

[209] 刘承，范建刚. 新型农村集体经济分配的双重逻辑、四种样态与平衡机制 [J]. 财经科学，2025（4）：48-59.

[210] 施显帅，陈萍萍. 乡村振兴背景下农村集体经济可持续发展对策研究 [J]. 农业经济，2025（3）：52-54.

[211] 赵早. 乡村治理模式转型与数字乡村治理体系构建 [J]. 领导科学，2020（14）：45-48.

[212] 王文龙. 结构功能主义视角下乡村治理模式嬗变与中国乡村治理政策选择 [J]. 现代经济探讨，2019（10）：117-124.

[213] 单琳琳. 优化农村公共服务供给提升基层社会治理效能 [J]. 宏观经济管理，2022（10）：61-69.

[214] 徐增阳，任宝玉. "一肩挑"真能解决"两委"冲突吗：村支部与村委会冲突的三种类型及解决思路 [J]. 中国农村观察，2002（1）：69-74.

[215] 程同顺，史猛. 推进村级组织负责人"一肩挑"的条件与挑战：基于P镇的实地调研 [J]. 南开学报（哲学社会科学版），2019（4）：76-86.

[216] TIMMONS J F. Does democracy reduce economic inequality? [J]. British Journal of Political Science, 2010, 40（4）：741-757.

[217] MOHAMMADI H, BOCCIA F, TOHIDI A. The relationship between democracy and economic growth in the path of sustainable development [J]. Sustainability, 2023, 15（12）：9607.

[218] 许亚敏. 村级组织负责人党政"一肩挑"的制度优势、执行困难与机制创新 [J]. 社会建设，2020，7（6）：75-85.

[219] 董江爱, 崔培兵. 村治中的政治博弈与利益整合: 资源型农村选举纠纷的博弈分析 [J]. 中国农村观察, 2010 (2): 78-86.

[220] 易新涛. 村党组织书记"一肩挑"的生成逻辑、内涵解析和实施指向 [J]. 探索, 2020 (4): 111-120.

[221] 姚锐敏. 全面推行村级组织负责人"一肩挑"的障碍与路径 [J]. 中州学刊, 2020 (1): 15-22.

[222] 陶周颖, 郑琦. 再组织化: 基层党组织应对社会形态变化的实践路径 [J]. 理论月刊, 2024 (4): 59-68.

[223] 董江爱, 郝丽倩. 新时代实施村党组织书记"一肩挑"的困境及出路 [J]. 社会主义研究, 2021 (2): 123-131.

[224] 白钢. 执行公共政策不能总"打擦边球" [J]. 中国国情国力, 2001 (8): 29-31.

[225] 吴思红, 陈琳. 试论村"两委"书记主任"一肩挑"的权力监督 [J]. 中共杭州市委党校学报, 2015 (2): 17-23.

[226] 曲浩文. 村党组织书记、村委会主任"一肩挑"推行意义及其职务犯罪预防探析 [J]. 沈阳工程学院学报(社会科学版), 2020, 16 (3): 28-31.

[227] 李俊斌, 于鑫. 村党组织书记"一肩挑"的比较优势、潜在风险与调适机制: 基于乡村治理的分析视角 [J]. 重庆社会科学, 2023 (5): 47-58.

[228] 于潇, PETER HO. 村委会行为、村干部特征与农民收入: 基于CFPS 2010数据的实证分析 [J]. 农业技术经济, 2014 (7): 59-67.

[229] 张志原, 刘贤春, 王亚华. 富人治村、制度约束与公共物品供给: 以农田水利灌溉为例 [J]. 中国农村观察, 2019 (1): 66-80.

[230] 贾晋, 李雪峰. "富人治村"是否能够带动农民收入增长: 基于CFPS的实证研究 [J]. 农业技术经济, 2019 (11): 93-103.

[231] 梅继霞, 向丽明. 村干部公共领导力如何影响乡村治理绩效: 一个链式中介模型 [J]. 管理学刊, 2023, 36 (4): 75-91.

[232] 周康逸, 刘艳萍. 村干部素质对乡村治理绩效的影响: 基于临汾市尧都区村民的调查 [J]. 中南农业科技, 2025, 46 (3): 133-138.

[233] 叶静怡, 韩佳伟. 村庄管理模式、宗族与选举问责 [J]. 经济学动态, 2018 (9): 34-50.

[234] 刘宇翔. 村干部兼任管理者对农民合作社绩效的影响研究 [J]. 经济经纬, 2019, 36 (2): 41-47.

[235] 朱婷婷, 谭涛. 村两委负责人社会资本差异对农村发展水平的影响: 基于江苏省 262 个村庄的实证分析 [J]. 江苏农业科学, 2017, 45 (7): 308-311.

[236] 叶静怡, 付明卫. 村支书在村委会兼职对村民自治效果的影响: 基于民政部全国村民自治抽样调查的分析 [J]. 学习与探索, 2012 (6): 46-49.

[237] 唐鸣, 张昆. 论农村村级组织负责人党政"一肩挑" [J]. 当代世界社会主义问题, 2015 (1): 3-26.

[238] 许珂, 彭丹阳. 党建统合治理: 村级组织负责人"一肩挑"的机理、挑战与应对: 基于陕西省的多案例比较研究 [J]. 成都行政学院学报, 2024 (5): 16-30, 117.

[239] 魏素豪. 村级组织负责人"一肩挑"对农村公共服务供给的影响 [J]. 湖南农业大学学报 (社会科学版), 2024, 25 (5): 78-87.

[240] 谷华菩, 张会萍. 村级组织负责人"一肩挑"对村集体经济收入的影响效应: 基于宁夏 467 个行政村的实证研究 [J]. 山东青年政治学院学报, 2025, 41 (2): 95-106.

[241] 易卓, 崔盼盼. 村级基层组织建设的制度化转型与治理有效: 基于"一肩挑"政策实践的区域比较研究 [J]. 经济社会体制比较, 2025 (1): 149-158.

[242] 渠敬东. 项目制: 一种新的国家治理体制 [J]. 中国社会科学, 2012 (5): 113-130, 207.

[243] OI J C, WALDER A G. Property rights and economic reform in China

[M]. Palo Alto: Stanford University Press, 1999: 4-10.

[244] 何安华, 孔祥智. 农户土地租赁与农业投资负债率的关系: 基于三省（区）农户调查数据的经验分析 [J]. 中国农村经济, 2014 (1): 13-24.

[245] 田勇. 激励还是抑制?: 土地权益变更与农村家庭创业 [J]. 经济科学, 2019 (5): 117-128.

[246] 黄凯斌. 山区农村不宜实行"一肩挑" [J]. 调研世界, 2005 (12): 43, 38.

[247] BARON R M, KENNY D A. The moderator-mediator variable distinction in social psychological research: Conceptual, strategic, and statistical considerations [J]. Journal of Personality and Social Psychology, 1986, 51 (6): 1173.

[248] 徐辉, 范志雄. 集体经济组织化治理的逻辑和路径启示 [J]. 经济学家, 2022 (3): 109-117.

[249] 郜辉辉. 资源匮乏型村庄如何实现乡村产业振兴: 基于贵州贾西村的案例研究 [J]. 现代农业, 2023, 48 (6): 13-19.

[250] 周立, 奚云霄, 马荟, 等. 资源匮乏型村庄如何发展新型集体经济?: 基于公共治理说的陕西袁家村案例分析 [J]. 中国农村经济, 2021 (1): 91-111.

[251] 刘煜. 土地经营视角下农村集体经济组织与农户的利益联结分析 [J]. 中国经贸导刊, 2024 (18): 97-100.

[252] 谭诗赞. 资源匮乏型乡村中的庇护式治理及其现代转型: 基于湘南地区的个案观察 [J]. 领导科学论坛, 2017 (5): 76-86.

[253] 徐冠清, 崔占峰, 朱玉春. 财政扶持下农村集体经济发展模式"分异"与治理绩效评价: "经营型"和"债权型"集体经济的比较分析 [J]. 中国农村观察, 2025 (1): 85-106.

[254] 孔祥智. 产权制度改革与农村集体经济发展: 基于"产权清晰+制度激励"理论框架的研究 [J]. 经济纵横, 2020 (7): 2, 32-41.

[255] 孔祥智,高强. 改革开放以来我国农村集体经济的变迁与当前亟需解决的问题[J]. 理论探索, 2017 (1): 116-122.

[256] 薛继亮,李录堂,罗创国. 基于功能分类视角的中国村集体经济发展实证研究:来自陕西省三大区域494个自然村的经验[J]. 四川大学学报(哲学社会科学版), 2010 (5): 126-132.

[257] 张忠根,李华敏. 农村村级集体经济发展:作用、问题与思考:基于浙江省138个村的调查[J]. 农业经济问题, 2007 (11): 30-34, 110.

[258] 王成军,张旭,李雷. 农村集体经济组织公司化运营可以壮大集体经济吗:基于浙江省的实证检验[J]. 中国农村经济, 2024 (8): 68-87.

[259] 贺卫华. 乡村振兴背景下新型农村集体经济发展路径研究:基于中部某县农村集体经济发展的调研[J]. 学习论坛, 2020 (6): 39-46.

[260] 孔祥智,赵昶. 农村集体产权制度改革的实践探索与政策启示:基于7省13县(区、市)的调研[J]. 中州学刊, 2020 (11): 25-32.

[261] 芦千文,杨义武. 农村集体产权制度改革是否壮大了农村集体经济:基于中国乡村振兴调查数据的实证检验[J]. 中国农村经济, 2022 (3): 84-103.

[262] 黄秀玉,钱淼. 村党组织领办合作社发展水平如何影响新型农村集体经济:以村集体经营性资产为中介[J]. 云南农业大学学报(社会科学), 2025, 19 (2): 52-59.

附 录

附表1 2015—2022年中国农村集体经济规模

年份	集体经济规模（亿元）	增长率（%）
2015	4099.54	3.26
2016	4256.81	3.84
2017	4627.60	8.71
2018	4912.00	6.15
2019	5683.39	15.70
2020	6320.23	11.21
2021	6684.91	5.77
2022	6711.39	0.40

附表2 2015—2022年中国农村集体经济村均规模

年份	集体经济村均规模（万元）	增长率（%）
2015	70.74	6.58
2016	76.21	7.74
2017	82.16	7.81
2018	90.05	9.60
2019	102.52	13.84
2020	117.07	14.19
2021	122.19	4.38
2022	123.03	0.68

附表3 2015—2022年中国东部、中部、西部和东北部农村集体经济规模

地区	年份	集体经济规模（亿元）	增长率（%）
东部	2015	273.68	3.19
	2016	283.39	3.55
	2017	303.98	7.27
	2018	326.00	7.24
	2019	369.82	13.44
	2020	408.33	10.41
	2021	433.31	6.12
	2022	436.11	0.64
中部	2015	123.02	2.08
	2016	125.86	2.31
	2017	146.14	16.12
	2018	153.49	5.03
	2019	184.81	20.40
	2020	224.63	21.55
	2021	222.22	-1.08
	2022	231.25	4.06
西部	2015	46.67	7.54
	2016	50.59	8.38
	2017	54.53	7.79
	2018	58.25	6.82
	2019	61.54	5.66
	2020	61.73	0.30
	2021	71.64	16.06
	2022	65.54	-8.52
东北部	2015	37.07	0.10
	2016	37.11	0.12
	2017	37.05	-0.18
	2018	39.46	6.50

续表

地区	年份	集体经济规模（亿元）	增长率（%）
东北部	2019	45.94	16.44
	2020	49.45	7.63
	2021	52.96	7.09
	2022	58.81	11.05

附表4 2015—2022年中国东部、中部、西部和东北部农村集体经济村均规模

地区	年份	集体经济村均规模（万元）	增长率（%）
东部	2015	244.06	6.08
	2016	260.55	6.76
	2017	272.40	4.55
	2018	296.74	8.94
	2019	344.96	16.25
	2020	437.79	26.91
	2021	382.33	-12.67
	2022	374.88	-1.95
中部	2015	45.98	11.01
	2016	51.61	12.23
	2017	59.11	14.53
	2018	62.00	4.90
	2019	75.37	21.57
	2020	91.02	20.76
	2021	89.81	-1.34
	2022	96.66	7.63
西部	2015	34.82	7.52
	2016	37.73	8.36
	2017	40.40	7.06
	2018	45.16	11.80
	2019	54.95	21.66
	2020	58.15	5.82

续表

地区	年份	集体经济村均规模（万元）	增长率（%）
西部	2021	66.47	14.31
	2022	62.35	-6.19
东北部	2015	37.13	1.14
	2016	37.60	1.27
	2017	36.85	-1.99
	2018	39.55	7.31
	2019	47.48	20.07
	2020	50.15	5.62
	2021	53.33	6.33
	2022	59.68	11.92

附表5　2015—2022年中国南方和北方农村集体经济规模

地区	年份	集体经济规模（亿元）	增长率（%）
北方	2015	100.14	5.27
	2016	100.49	5.85
	2017	109.09	8.79
	2018	117.01	6.47
	2019	129.49	10.12
	2020	140.58	12.58
	2021	154.04	3.87
	2022	141.50	8.44
南方	2015	173.17	0.32
	2016	183.30	0.35
	2017	199.42	8.56
	2018	212.33	7.26
	2019	233.81	10.67
	2020	263.22	8.56
	2021	273.40	9.57
	2022	296.49	-8.14

附表6 2015—2022年中国南方和北方农村集体经济村均规模

地区	年份	集体经济村均规模（万元）	增长率（%）
北方	2015	74.90	7.69
	2016	78.49	8.54
	2017	80.91	6.81
	2018	92.76	5.93
	2019	98.90	17.77
	2020	107.79	29.05
	2021	136.08	−21.10
	2022	127.32	4.73
南方	2015	139.16	4.31
	2016	151.04	4.79
	2017	161.33	3.08
	2018	170.89	14.65
	2019	201.25	6.62
	2020	259.71	8.99
	2021	204.91	26.24
	2022	214.60	−6.44

附表7 2015—2022年中国各省份农村集体经济规模   单位：亿元

地区	2015年	2016年	2017年	2018年	2019年	2020年	2021年	2022年
北京	191.60	186.45	197.48	225.78	232.59	264.73	446.78	392.30
天津	70.46	90.33	79.95	93.93	89.00	80.27	57.14	53.40
河北	173.41	181.44	194.52	191.63	206.56	213.21	223.85	252.67
山西	94.50	82.57	111.11	128.20	157.10	185.60	183.78	236.45
内蒙古	23.67	26.75	31.05	35.80	49.87	58.96	57.76	57.76
辽宁	46.12	49.30	48.00	47.23	44.22	47.06	51.74	52.44
吉林	30.84	24.56	27.52	29.52	31.76	38.62	39.06	44.11
黑龙江	34.25	37.48	35.63	41.62	61.86	62.67	68.08	79.88
上海	119.57	127.29	141.59	141.71	148.09	212.73	146.37	149.52

续表

地区	2015年	2016年	2017年	2018年	2019年	2020年	2021年	2022年
江苏	380.53	389.97	412.33	438.23	463.11	507.23	536.99	547.90
浙江	362.42	383.58	423.47	492.57	562.92	610.35	706.43	753.56
安徽	91.86	99.52	105.14	106.69	134.38	156.32	162.82	163.72
福建	103.66	106.69	115.56	138.64	148.62	170.62	180.14	178.87
江西	70.34	65.02	79.18	79.98	93.15	124.21	135.28	135.28
山东	533.13	525.15	555.18	583.86	626.87	638.03	656.83	584.97
河南	152.47	147.87	190.81	191.11	223.18	281.67	266.43	261.25
湖北	184.84	193.01	193.92	204.96	236.05	290.58	269.84	268.39
湖南	144.12	167.18	196.72	210.03	264.99	309.41	315.16	322.38
广东	780.45	822.93	894.31	920.89	1144.04	1252.44	1350.45	1419.69
广西	27.73	29.80	32.27	33.21	35.80	40.17	43.28	49.58
海南	21.55	20.05	25.39	32.73	76.40	133.72	28.17	28.17
重庆	47.23	45.17	45.51	46.31	49.20	45.88	57.15	56.72
四川	100.72	106.63	116.70	121.32	130.38	126.40	140.34	143.53
贵州	30.92	57.02	67.98	68.90	74.89	69.37	132.39	76.88
云南	131.58	135.69	141.18	148.75	173.52	156.62	164.15	153.17
陕西	82.33	83.39	95.33	96.24	111.07	106.23	101.99	111.56
甘肃	23.67	26.44	23.83	28.03	32.24	43.60	45.14	32.91
青海	3.81	4.41	4.56	9.44	11.67	16.86	19.19	19.19
宁夏	8.16	8.76	10.33	13.80	13.05	16.22	18.50	21.41
新疆	33.60	32.39	31.06	38.92	51.38	54.97	74.33	58.25
西藏	—	—	—	—	5.47	5.47	5.47	5.47

附表8 2015—2022年中国各省份农村集体经济村均规模　　单位：万元

地区	2015年	2016年	2017年	2018年	2019年	2020年	2021年	2022年
北京	483.60	472.63	500.58	572.61	589.72	671.22	1119.18	982.72
天津	190.13	243.08	215.86	259.13	245.46	221.50	157.67	146.90
河北	37.41	39.29	44.09	43.23	48.16	48.47	47.97	53.62
山西	33.65	29.54	40.10	46.32	61.05	73.07	70.36	105.02

续表

地区	2015年	2016年	2017年	2018年	2019年	2020年	2021年	2022年
内蒙古	20.93	23.82	27.78	31.91	44.43	52.64	51.69	51.69
辽宁	38.47	43.34	39.26	38.66	36.25	38.40	42.15	42.73
吉林	34.01	27.00	30.62	32.18	36.77	42.36	42.11	47.50
黑龙江	38.92	42.47	40.68	47.80	69.43	69.70	75.72	88.82
上海	719.00	782.83	865.48	866.17	917.54	1273.09	875.97	894.82
江苏	225.44	228.67	241.85	251.35	265.06	298.32	315.99	322.24
浙江	123.15	132.06	145.97	178.74	241.58	270.36	304.26	323.66
安徽	57.73	62.90	66.27	67.08	84.40	97.41	100.97	103.59
福建	69.64	71.66	77.63	93.08	99.59	112.90	118.29	117.57
江西	43.52	41.84	50.10	49.59	53.06	70.78	79.37	79.37
山东	65.02	64.05	66.59	69.85	74.96	78.02	80.65	70.99
河南	33.60	33.51	41.48	41.99	50.05	59.80	54.46	53.48
湖北	71.02	75.19	76.99	82.58	97.61	121.32	113.37	115.51
湖南	36.39	66.66	79.69	84.46	106.09	123.76	120.32	123.00
广东	389.99	450.87	411.33	429.70	514.38	583.61	630.52	663.47
广西	19.15	22.13	24.62	24.81	25.42	28.17	30.37	33.69
海南	137.18	120.32	154.62	203.55	453.12	820.39	172.81	172.81
重庆	51.81	49.26	49.88	50.26	53.55	50.06	62.22	61.94
四川	21.72	22.93	24.69	26.07	29.77	43.90	48.57	49.02
贵州	24.27	38.18	46.72	46.64	50.41	45.54	84.66	46.75
云南	97.36	100.14	104.09	109.33	127.30	114.54	119.69	111.54
陕西	36.52	41.70	49.58	54.14	62.56	59.09	57.22	62.59
甘肃	15.42	17.33	14.79	17.38	19.98	27.94	28.12	20.61
青海	20.35	22.15	17.00	29.23	28.15	40.57	48.01	48.01
宁夏	35.93	38.51	45.42	60.55	57.75	71.71	82.65	95.67
新疆	39.57	38.89	39.80	46.47	58.84	62.42	83.23	65.53
西藏	—	—	—	—	101.18	101.18	101.18	101.18

附表 9 2015—2022 年中国农村集体经济结构演变趋势

年份	类型	集体经济规模（万元）	增长率（%）
2015	经营收入	1425.82	0.35
2016	经营收入	1417.01	0.33
2017	经营收入	1494.69	0.32
2018	经营收入	1587.84	0.32
2019	经营收入	1770.61	0.31
2020	经营收入	1935.83	0.31
2021	经营收入	2409.33	0.36
2022	经营收入	2526.24	0.38
2015	发包及上交收入	747.66	0.18
2016	发包及上交收入	753.04	0.18
2017	发包及上交收入	800.37	0.17
2018	发包及上交收入	807.82	0.16
2019	发包及上交收入	869.05	0.15
2020	发包及上交收入	945.48	0.15
2021	发包及上交收入	861.13	0.13
2022	发包及上交收入	897.98	0.13
2015	投资收益	120.30	0.03
2016	投资收益	132.01	0.03
2017	投资收益	140.65	0.03
2018	投资收益	151.34	0.03
2019	投资收益	200.77	0.04
2020	投资收益	258.01	0.04
2021	投资收益	294.18	0.04
2022	投资收益	335.11	0.05
2015	补助收入	866.68	0.21
2016	补助收入	983.07	0.23
2017	补助收入	1129.84	0.24
2018	补助收入	1246.93	0.25

续表

年份	类型	集体经济规模（万元）	增长率（%）
2019	补助收入	1488.76	0.26
2020	补助收入	1731.34	0.27
2021	补助收入	1614.71	0.24
2022	补助收入	1544.54	0.23